1921-2021
厦门大学
XIAMEN UNIVERSITY

厦门大学百年校庆系列出版物

百年院系史系列

厦门大学
电子科学与技术学院院史

主 编 吴国瑛 陈 忠

厦门大学出版社 XIAMEN UNIVERSITY PRESS | 国家一级出版社 全国百佳图书出版单位

图书在版编目(CIP)数据

厦门大学电子科学与技术学院院史/吴国瑛,陈忠主编.—厦门:厦门大学出版社,2022.7

(百年院系史系列)

ISBN 978-7-5615-8549-8

Ⅰ.①厦…　Ⅱ.①吴…②陈…　Ⅲ.①厦门大学电子科学与技术学院—校史　Ⅳ.①G649.285.73

中国版本图书馆 CIP 数据核字(2022)第 052763 号

出 版 人　郑文礼
责任编辑　郑　丹
封面设计　李嘉彬
技术编辑　许克华

出版发行　厦门大学出版社
社　　址　厦门市软件园二期望海路 39 号
邮政编码　361008
总　　机　0592-2181111　0592-2181406(传真)
营销中心　0592-2184458　0592-2181365
网　　址　http://www.xmupress.com
邮　　箱　xmup@xmupress.com
印　　刷　厦门集大印刷有限公司

开本　720 mm×1 020 mm　1/16
印张　11.5
插页　2
字数　202 千字
版次　2022 年 7 月第 1 版
印次　2022 年 7 月第 1 次印刷
定价　36.00 元

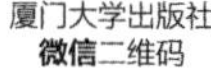
厦门大学出版社
微信二维码

厦门大学出版社
微博二维码

本书编委会

总 序

厦门大学 | 党委书记 张 彦
校 长 张 荣

2021年4月6日，厦门大学百年华诞。百载风雨，十秩辉煌，这是厦门大学发展的里程碑，继往开来的新起点。全校师生员工和海内外校友满怀深情地期盼这一荣耀时刻的到来。

为迎接百年校庆，学校在三年前就启动了“百年校庆系列出版工程”的筹备工作，专门成立“厦门大学百年校庆系列出版物编委会”，加强领导，统一部署。各院系、部门通力合作，众多专家学者和相关单位的工作人员全身心地参与到这项工作之中。同志们满怀高度的责任感和紧迫感，以“提升质量，确保进度，打造精品”为目标，争分夺秒，全力以赴，使这项出版工程得以快速顺利地进行。在这个重要的历史时刻，总结厦大百年奋斗历史，阐扬百年厦大“四种精神”，抒写厦大为伟大祖国所做出的突出贡献，激发厦大人的自豪感和使命感，无疑是献给百岁厦大最好的生日礼物。

“百年校庆系列出版工程”包括组织编撰百年校史、百年组织机构史、百年院系史、百年精神文化、百年学术论著选刊、校史资料与学生名录……有多个系列近150种图书将与广大读者见面。从图书规模、涉及领域、参编人员等角度看，此项出版工程极为浩大。这些出版物的问世，将为学校留下大量珍贵的历史资料，为学校深入开展校史教育提供丰富生动的素材，也将为弘扬厦门大学“自强不息，止于至善”校训精神注入时代的新鲜血液，帮助人们透过“中国最美大学校园”

的山海空间和历史回响，更加清晰地理解厦门大学在中国发展进程中发挥的独特作用、扮演的重要角色，领略“南方之强”的文化与精神魅力。

百年校庆系列出版物将多方呈现百年厦大的精彩历史画卷。这些凝聚全校师生员工心血的出版物，让我们感受到厦大人弦歌不辍的精神风貌。图文并茂的《厦门大学百年校史》，穿越历史长廊，带领我们聆听厦大不平凡百年岁月的历史足音。《为吾国放一异彩——厦门大学与伟大祖国》浓墨重彩地记述厦门大学与全国34个省级行政区以及福建省九市一区一县血浓于水的校地情缘，从中可以读出厦门大学在中华民族伟大复兴征程中留下的深深烙印。参与面最广的“厦门大学百年院系史系列”、《厦门大学百年组织机构史》，共有30多个学院和直属单位参与编写，通过对厦门大学各学院和组织机构发展脉络、演变轨迹的细致梳理，深入介绍厦门大学的党建工作、学科建设、人才培养、组织管理、社会服务等方面的发展历程，展示办学成就，彰显办学特色。《厦门大学校史资料选编（1992—2017）》和《南强之星——厦门大学学生名录（2010—2019）》，连同已经出版的同类史料，将较完整、翔实地展现学校发展轨迹，记录下每位厦大学子的荣耀。“厦门大学百年精神文化系列”涵盖人物传记和校园风采两大主题，其中《陈嘉庚传》在搜集大量史料的基础上，以时代精神和崭新视角，生动展现了校主陈嘉庚先生的丰功伟绩。此次推出《林文庆传》《萨本栋传》《汪德耀传》《王亚南传》四部厦门大学老校长传记，是对他们为厦大发展所做出的突出贡献的深切缅怀。厦大校友、红军会计制度创始人、中国共产党金融事业奠基人之一高捷成的传记《我的祖父高捷成》，则是首次全面地介绍这位为中国人民解放事业做出杰出贡献的烈士的事迹。新版《陈景润传》，把这位“最美奋斗者”、“感动中国人物”、令厦大人骄傲的杰出校友、世界著名数学家不平凡的人生再次展现在我们眼前。抒写校园风采的《厦门大学百年建筑》、《厦门大学餐饮百年》、《建南大舞台》、《芙蓉园里尽芳菲》、《我的厦大老师》（百年华诞纪念专辑）、《创新创业厦大人2》、

《志愿之光》、《让建南钟声传响大山深处》、《我的厦大范儿》以及潘维廉的《我在厦大三十年》等，都从不同的角度，引领我们去品读厦门大学的真正内涵，感受厦门大学浓郁的人文精神和科学精神。

此次出版的“厦门大学百年学术论著选刊”，由专家学者精选，重刊一批厦大已故著名学者在校工作期间完成的、具有重要价值的学术论著（包括讲义、未刊印的论著稿本等），目的在于反映和宣传厦门大学百年来的学术成就和贡献，挖掘百年来厦门大学丰厚的历史积淀和传统资源，展示厦门大学的学术底蕴，重建“厦大学派”，为学校“双一流”建设提供学术传统的支撑。学校将把这项工作列入长期规划，在百年校庆时出版第一辑共40种，今后还将陆续出版。

“自强！自强！学海何洋洋！”100年前，陈嘉庚先生于民族危难之际，抱着“教育为立国之本，兴学乃国民天职”的信念，创办了厦门大学这所中国历史上第一所由华侨独资建设的大学。100年来，厦大人秉承“研究高深学术，养成专门人才，阐扬世界文化”的办学宗旨，在实现中华民族伟大复兴的征程上书写自己的精彩篇章。我们相信，当百年校庆的欢庆浪潮归于平静时，这些出版物将会是一串串熠熠生辉的耀眼珍珠，成为记录厦门大学百年奋斗之旅的永恒坐标，成为流淌在人们心中的美好记忆，并将不断激励我们不忘初心继承传统，牢记使命乘风破浪，向着中国特色世界一流大学目标奋勇前行！

张彦 张荣

2020年12月

厦门大学百年院系发展概述

朱水涌

100年在历史长河中只是短暂的一瞬，但对于一所中国现代大学以及这所大学的学院科系来说，则意味着经历过极不平凡的历程。百年学府沧桑、十秩院系辉煌，为迎接厦门大学建校百年华诞，学校决定编撰出版"厦门大学百年院系史"系列，梳理淬炼院系的建设发展历程，以史为鉴，彰往考来，将院系的昨天、今天与明天联系在一起，发扬踔厉，这是一件极富建设意义与厦大特色的历史性工程。

一

20世纪初的中国，正如校主陈嘉庚所言："吾国今处在列强肘腋之下，成败存亡千钧一发。"就在这千钧一发之际，为救国而创办大学成为一道时代的特别风景。马相伯因"慨自清廷外交凌智"而创办震旦学院（复旦前身）[①]，南开大学的创办者因国家的"贫弱"是因为"教育未能发展"而创立南开[②]，唐文治执掌交通大学砥砺第一等人才，目的就是"宏济艰难，救我中国"[③]。厦门大学校主陈嘉庚则在《筹办厦门大学演讲词》中直截了当地指出："今日国势危如累卵，所赖以维持者，惟此方兴之教育与未死之民心耳。"出自民族救亡而诞生的中国现代大学，在她向欧美学习现代大学的办学时，一开始便融入了民族救

① 《复旦大学百年志》编纂委员会：《复旦大学百年志（1905—2005）》，复旦大学出版社2005年版，第9页。

② 《南开大学校史资料选》，南开大学出版社1989年版，第12页。

③ 唐文治：《上海交通大学第三十届毕业典礼训辞》，载《茹经堂文集》三编卷一。

亡图存的历史内涵和办学志向，民族振兴的需求与国家最需要的人才，成了中国现代大学初创时学科与专业设置的重要出发点，呈现出中国现代大学鲜明的中国特色。这里，当年的创办者与一校之长的救国思想和办学理念产生了重要作用。

厦门大学创校时期选择的教学体制沿用了近代英国大学学制，但在科系组成与学科设置上却没有完全按英国大学的体制与模式，与民国时期的各大学一样，当时并没有很强的专业观念，而依照时代与国家的急需人才设立科系。厦大建校初期，科系成形时的学科最初形态是文科设 8 个系，理科设 6 个系，工科归理科，其中的教育、工、商、新闻，都是那个危机时代国家急需人才的学科。

1930 年 2 月，在通过国民政府大学院立案后两年，厦门大学遵照国民政府教育部令，将“科”改为学院，设 5 个学院 21 个学系。至此，经过近 10 年的建设，厦门大学具备了较为完备的院系体制，开始以院系这样一种与世界接轨的基本单元建构教学科研体制，开展“研究高深学术，养成专门人才，阐扬世界文化”，厦大的多学科性业已形成。

1929 年，世界经济危机爆发，陈嘉庚公司每况愈下，1934 年 1 月公司被迫收盘。这期间虽然有厦大教职员的半年捐薪活动，有陈嘉庚的“出卖大厦办厦大”惊世壮举，厦门大学的办学经费还是难以为继。在此情况下，厦大及时调整院系结构，以系科合并的方式突围经济上的窘迫，推进学科的艰辛运转。至私立时期的最后几年，全校 5 个学院压缩成文学、理学、法商 3 个学院，21 个系经合并与撤销浓缩为 9 个学系。尽管这种合并是无奈之举，从数字上看办学规模是缩小了，但这次的学科浓缩却无意中为学科的整合、为打破欧美当年系科划分过细的弊端打下了基础。

建校时期厦门大学的院系建设与学科发展，按国民政府大学院调查专家的看法，在全国高校中有“方之他处，有过无不及”①的优势。这一时期，林文庆主持制定的《厦门大学校旨》(以下简称《校旨》)明确指出：“本大学之主要目的，在博集东西各国之学术及其精神，以研究一切现象之底蕴与功用，同时并阐发中国固有学艺之美质，使之融会贯通，成为一种最新最完善之文化。”《校旨》从大学文化的建构出发，鲜明地提出厦门大学办学的理念与目标。与这个理念和目标相联系，厦大初期的院系与学科、专业的建设，有如下几个特点：

① 《厦门大学十周年纪念刊》(1931 年 4 月)，载《厦门大学校史》第 1 卷，厦门大学出版社 1990 年版，第 94 页。

其一是注重“功用”,“切于实用”,培养国家、民族稀缺人才。《校旨》提出教学“以切于实用,造就应用科学人才为前提”。建校初期,教育学占有举足轻重的位置,原因如《校旨》所言:“我国目下师资及教育专门人才甚为缺乏,故对于教育学科特加注意,以期养成良好师资及教育界领袖,因以提高一般教育之程度。”[①]陈嘉庚的信念是“国家之富强,全在乎国民,国民之发展,全在乎教育”[②],他办厦门大学一个重要的担当就是要纠正当年教育的“偏估”与“颓风”,解决中国教育缺乏新知识新思想师资的问题,以免“国粹日稀,精神日减,必至无救药之惨痛”。厦大商学与工学的较早创设与运行,也都体现了这样一种办学理念。这个特点,奠定了厦门大学从国家需要出发建设专业发展学科的厚重底色。

其二是博集东西精神、阐发中国学艺之美质、“研究高深学术”的学科特色。厦大成立时,《厦门大学组织大纲》明确表明厦大的三大任务之一是研究高深学术。林文庆在《校旨》中具体指出要建设科学研究机关,厦大要“成为我国南部之科学中心点”[③];院系体制形成后,厦大各学院在其“学院学则”的第一条“宗旨”中都一致性地提出“以培养专门人才,研究高深学术为宗旨”[④],这表明厦大建校初期就具备浓厚的学科建设意识。而且,在西学东渐、中西文化激烈论争与冲突的情势下,厦大独到地提出“阐发中国固有学艺之美质”和“首重国文”的主张,这也就形成了厦门大学学科建设中注重本土资源与文化精神的中国特色。文科的国学研究与理科的生物学研究是这方面的范例。1926年创建的国学研究院被认为是“大有北大南移之势”,是当年全国国学研究的中心之一。其影响不仅在于大师云集、研究规划与实际成果,更重要的是厦大国学研究体现了五四时期“重估价值”的精神,它的学科新范畴,研究问题的新方法、新史料和新观点,代表了五四之后国学研究的新趋势。植物系与动物系同样引起全国乃至世界的关注,尤其是结合本土地理优势的海洋生物研究更是锋芒毕露。1923年厦大美籍教授莱德的论文《厦门大学附近之文昌鱼渔业》在国际顶尖科学期刊 *Science* 上发表,成为中国高校最早在 *Science* 上发表的研究成果之一,引起国际学术界瞩目。鉴于海洋生物学科的成果,中央研究院及太平洋科学协会,特别委托厦门大学建立海洋生物研究室。与此同时,

---

① 《厦门大学校史》第1卷,第26页。

② 陈嘉庚:《筹办厦门大学演讲词》,载《新国民日报》1920年11月30日。

③ 《林文庆校长报告》,载《厦门大学民国十年度报告书》,1922年。

④ 《厦门大学一览》(1935—1936年度),载《厦大校史资料》第1辑,厦门大学出版社1987年版,第66页。

厦大的动植物标本的数量与丰富多样在全国领先。

其三是开放性的院系学科构成与人才培养学制。在中国高等教育滥觞时期，中国的大学虽然学的是西方体制，但中国文化原本就缺乏精确细致的分类，对事物不那么条分缕析，而且大学刚刚兴起，很多学科、专业更是因国家需要而设置而存在，大学的一切都在尝试与践行当中，这也就带来了中国现代大学院系学科设置上的开放性。从厦大私立时期四次较大的院系变动与学科设置中，就可以清楚地看到这个现象。院系设置与专业、学科结构的不断变动，实际上对打破学科体制的僵化是有驱动力的，它为以后厦大百年发展中院系所面临的不断调整、不断改革奠定基础。

在人才培养上，厦门大学"虽为厦门大学，实为世界之大学"①，一开始就招收大量的东南亚华侨子女和朝鲜国学生，颇具开放性。这所地处东南沿海一隅的大学却坚持要"使本校之学生虽足不出国外，而其所受之教育，能与世界各大学相颉颃"②，除不惜重金聘任国内外特别是具有世界名牌大学经历的名师学者外，在教学体制上，厦门大学沿用英国近代大学学制，本科修业 4 年，以修满 150 学分(绩点)并通过毕业论文及有关实验为毕业，各院各系实行课程交叉的修课计划，注重了知识结构的多元化。打破课程的专业界限，这样一种强调博集东西学术，打通院系界限、学科界限的修学制度，实际上更吻合现代大学的人才培养规律。

厦门大学建校初期 16 年间，其"切于实用"的人才培养方针，"研究高深学术"的学科特色，院系学科结构与教学体制的开放性，不仅是时代的产物，也是百年厦门大学的宝贵珍藏，在百年厦大的院系建设发展中体现了一所名校的潜在发展实力，不仅为厦大创建"世界之大学"目标打下了坚实的基础，而且在学科的发展上为一流学科的发展奠定了先天优势。

二

1937 年 7 月 1 日，私立厦门大学正式改为国立厦门大学。7 月 6 日，国民政府行政院任命清华大学萨本栋教授出任厦门大学校长。7 月 7 日，抗战全面爆发。12 月，日寇兵临厦门，厦门大学内迁山城长汀，坚持在烽火硝烟中办

① 《林文庆先生在中华俱乐部之演说词》，载《南洋商报》1925 年 2 月 2 日。

② 《林文庆校长报告》，载《厦门大学民国十年度报告书》，1922 年。

学,“单独担负铁路线(粤汉铁路)以东国立最高学府的全付责任”[①],成为加尔各答以东最逼近战场的学府,肩起中国高等教育的东南半壁江山。由此开始到1949年新中国成立,这是厦门大学的国立时期。

抗战时期,在极其艰难困苦的条件下,萨本栋校长抱着“在艰危中”“不负嘉庚先生毁家兴学及政府将厦大收归国立之至意”的意志[②],以自己的未雨绸缪和身体力行,推进拓展厦门大学的院系与学科建设,赢得了战争中“国魂所托的事业”[③]的重大发展。

作为坚守在战区的最高国立学府,在战争中自觉担负起为战后的祖国建设培养与储备人才的使命,这成了厦大院系与学科建设的出发点与目的地。萨本栋说:“吾人应知此次战争,关系数千年固有文化之持续,将来永固国基之奠定者至巨。”[④]置身残酷的战争中,厦大想的是战后建设所需的大量“永固国基”的人才。据当年的新闻媒体报道,厦大筹备设立水产研究室,是为了“战后东南沿海水产研究之总枢”[⑤];增设外国文学系与法律系司法组,“以应目前全面反攻及将来建国之需要”[⑥]。

这种穿透硝烟的未雨绸缪,更体现在厦门大学工科院系的创设与发展上。厦大工科开始于1922年,在1930年科改系后,工科已悄然消失。萨本栋来自清华大学,自己又是著名的电机专家,他对工科建设既熟悉又有主见,从战后建国的急需出发,工科人才显然要比其他学科人才需求更迫切、需求量更大,萨本栋决定补齐厦大学科上的工科短板。

1938年7月,厦大创设土木工程系,到1941年秋季,萨本栋校长就很自豪地说:“现在土木系设备,固尚未达到我们理想的境地,但教师则已充实到可以与国内任何大学相颉颃。”[⑦]这个科系,为战后中国大规模的基础设施建设培养了大批人才。1940年秋季,在土木工程大力扩展的同时,萨本栋又创设机电工程系。机电工程系创立后,理学院扩充为理工学院。1944年4月,创建航空工程系,厦大成为全国最早开办航空专业本科教育的少数高校之一,培

---

① 《萨本栋开学词》,载《厦大通讯》第3卷第10期,1941年10月25日。

② 萨本栋:《勖勉同学词》,载《唯力》旬刊第3期,1938年4月3日。

③ 萨本栋:《勖勉同学词》,载《唯力》旬刊第3期,1938年4月3日。

④ 萨本栋:《“七七”二周年纪念与节约运动》,载《唯力》第2卷第7/8期合刊,1938年7月7日。

⑤ 《母校设立水产研究室》,载《厦大通讯》第6卷第1期,1944年3月31日。

⑥ 《厦大增设外语、司法等系组》,载《东南日报》1945年8月4日。

⑦ 《萨本栋开学词》,载《厦大通讯》第3卷第10期,1941年10月5日。

养出像中国工程院院士张启先这样一批优秀的中国早期航天航空专家。

1945年12月厦大复员厦门，汪德耀已接掌厦大。这期间院系与科建设的最大事件是1946年夏季海洋学系与中国海洋研究所的创办。海洋学科创立于天时地利人和之中：抗战胜利后海洋与海权重要性凸显，复员厦门后的东南沿海地理环境优势，校主陈嘉庚"力挽海权，培育专才"的誓言与著名海洋学家唐世凤博士的加盟，共同促成了中国第一个海洋学系诞生，同时，厦大与中英文教育基金会合办的中国第一个海洋研究所也在厦大成立，厦大的海洋观测站也获准设立。由此，厦门大学在全国率先开始了"谋中国海洋科学事业之发展""研究与教育并重"的造就培养海洋人才的行动。

国立时期文科的发展以复办法学为主要标志。厦大的法学，最早创立于1926年6月，1937年改归国立后，法律系奉命撤销，法学学科停办。到1940年，由于国民政府教育部不同意建立福建大学，并将已经开学的福建大学法学院并入厦门大学，这样，战火中的厦大法学学科就在接收福建大学法学院的契机中复办起来。

在人才培养理念与培养模式上，萨本栋取的是美国芝加哥大学的通识教育思想和从清华带过来的通识教育理念，遵循梅贻琦的"通识为本，专识为末"[①]教育思想制定校制、设置课程，实行强化通识基础与打通学科界限的修学制度，实施教授全力上课制度。他要求即使在战争中，也要坚持"未到'最后一课'的时候，应加紧研究学术与培养技能"[②]，他提出，"现在不是个推诿责任的时代"，"需一身肩负二人之重任，一日急二日之操作"[③]，以不辜负陈嘉庚先生的期待，不辜负国家事业所托。比如新成立的机电工程系系主任朱家炘教授，据统计一学期每周上课最高达81课时，每周最高达1725人时。这时期的厦大学生则"把战区当课堂，把笔杆当枪杆"，越是艰难越是坚韧学习。在1940年与1941年国民政府教育部举行的两次专科以上学生学业竞赛中，厦门大学获奖总数与获奖系数的比例评定，均名列全国第一。

从抗战全面爆发到复员厦门，在极其艰危的战争环境与艰苦的复员中，厦门大学的院系建设不仅没有停顿，而且还得以有力扩充，院系规模与学科发展都有历史性的突破，多科性大学已然向综合性大学迈进，也因此开始确立厦门

---

① 梅贻琦：《大学一解》，载《清华学报》第13卷第1期，1941年4月。

② 萨本栋：《勖勉同学词》，载《唯力》旬刊第3期，1938年4月3日。

③ 萨本栋：《"七七"二周年纪念与节约运动》，载《唯力》第2卷第7/8期合刊，1939年7月7日。

大学位居全国高等教育前列的位置。更重要的是这一时期积淀下来的办学精神,那种由战争烽火淬炼出来的自强、坚韧与艰危中担当重负的使命感,为厦门大学的发展积累了一份极宝贵的精神财富。

三

1949 年 10 月 1 日,中华人民共和国成立,人民当家做主的时代开始。10 月 17 日,厦门解放,厦门大学迎来了办学史上的新纪元。1949 年 10 月 21 日,中共厦门市委在厦大建立中共厦门大学支部。不久,在原有基础上设立中共厦门大学党组。1950 年 5 月,中华人民共和国政务院任命著名经济学家、曾任厦门大学法学院院长的王亚南为厦门大学校长。

1952 年 6 月,中共福建省委派 15 名党的干部到厦大,7 月,中共福建省委决定程璐任中共厦大临时党委书记,党在学校的领导得以体现与加强;1953 年 1 月,厦门大学成立校务委员会,标志着学校由“校长负责制”开始向“党委领导下的校长负责制”过渡。这一年,符合条件的科系先后成立党支部。1955 年 1 月召开中共厦门大学第一次代表大会,成立中共厦门大学党委会,之后,各系先后建立系党总支,直到 1999 年校院二级管理体制改革时,党总支、党支部为厦门大学各科系的最直接领导,保证科系建设与学科发展的正确方向和健康发展。

新中国成立后,在东西方意识形态冷战的背景下,中国大学放弃对西方欧美的学习,而强调向“苏联老大哥”学习。1952 年,中央提出高等教育“发展专门学院和专科学校,整顿和加强综合大学”的方针,并学习苏联高校模式,进行大规模的院系调整。从 1952 年到 1955 年底,厦门大学在调整中从多学科大学向文理科综合大学转变,被确定为华东四所综合性大学之一。

1952 年 8 月,一年前刚刚由省立并入厦大并改名的厦大农学院奉命与福州大学农学院合并为福建农学院;9 月,厦大海洋系一分为三,厦大航海专修科与集美水产商船专科合并成立福建航海专科学校,之后再分别归入大连海运学院与上海海运学院;海洋系理化组并入山东大学,与山东大学海洋学科建立海洋系,发展为山东海洋学院,即后来的青岛海洋大学;为保存厦大发展海洋学科的力量,厦大成立海洋生物研究室,将海洋生物组的骨干教师与标本留在厦大,聘郑重教授为研究室主任。1953 年 7 月,厦大又奉命将工学院的土木、电机、机械 3 个系及土木专修科调整到浙江大学、南京工学院和华东水利学院,将企业管理并入上海财经学院,法学院归入华东政法学院。1954 年 7

月，厦大教育系调整到福建师范学院；8 月，俄语专修科部分师生并入南京大学。

在此调整中，厦门大学文、理科也有所壮大。1951 年私立福建学院的政治、法律、经济归并到厦大。1952 年福州大学财经学院的会计、贸易、财金、统计、企业管理 5 个系并入厦大财经学院，并增加贸易专修科。1953 年，福州大学文理两院的中文、外文、历史、数学、物理化学、生物学 6 个系也奉命并入厦门大学。1955 年，厦大奉命停办统计、会计、财金、贸易 4 个系，改在经济系之下设政治经济学、统计学、会计学、货币与信贷、贸易 5 个专业。

从历史现场上看，大规模院系调整是新中国改造旧教育制度、建立新教育体制的战略措施，这是中华人民共和国教育史上一个重要事件。这场调整既为厦大文理科综合大学模式打下基础，也一定程度上削弱了厦大综合性大学的实力，厦大一些经营多年而形成厦大特色的院系、学科被调整出去，充实其他高校乃至成为新学校成立的基础。厦大在为国家做出贡献的同时，也造成基础学科与应用学科的相互分离，综合性大学学科交叉渗透的优势也受到一定的损失。

院系调整后，苏联高等教育的专业制度也随之取代了中国大学的院系体制。新中国成立之前的大学一般只设学科不设专业，学科业务范围要比专业宽阔，但专业有利于针对性培养专门人才，培养目标十分专一。为实现专业人才培养目标，厦门大学院级建制最后被正式撤销，以系为教学单位，系内设若干专业，形成按专业培养人才的办学模式。到 1958 年，全校设 8 个系 16 个专业，并设 16 个专门化科目。

这一时期，教育部确定厦门大学发展方向为“面向东南亚华侨，面向海洋”，要求各专业各教研组加强与南洋、台湾、海洋及本地特点有关的各种问题研究。王亚南校长对厦大的综合性大学也提出新的目标定位，他说：“今天我们所在的学校是个综合性大学，不是工业大学、农业大学，而是综合性大学，不同地方是培养目标不同。工农科培养工农业所需技术人才，师范培养教师，综合性大学主要是培养研究人员，科学研究人员。”他对学生说：“你们将来就是要培养成为科学家。”[①]这样的办学方向与文理综合性大学的形成，明确指明科学研究是厦大办学的重要任务，学科建设水平成为办学水平的重要表现。

由此，在那个以专业为主的发展时期，厦门大学依然将研究机构建设与学科建设发展当成院系建设的重要内容。

---

① 王亚南：《怎样做一个大学生》，摘录自厦门大学校办档案 56-11。

王亚南校长抵达厦大后，首先恢复和建立研究机构，成立了经济研究所、化学研究所和南洋研究馆(1963 年升格为教育部部属研究所)、人类博物馆，文科理科各学院普遍成立研究室。这时福建研究院社会科学研究所也奉命归并厦大，充实了厦大文科主要是经济学科的研究实力。

这一时期，经济学科开始成为全国的翘楚学科。从 1946 年王亚南的《中国经济原论》研究被誉为“中国式的《资本论》”开始，厦门大学“以中国人的资格研究政治经济学”的独特学派开始形成。1950 年王亚南执掌厦大后，建立厦大财经学院，创办全国第一个经济研究所，这是当年全国高校最新经济学教学科研建制。院系调整中财经学院被撤销。1958 年 9 月，中国经济问题研究所成立，并创办中国第一份全国性经济学刊物《中国经济问题》。这个时期，经济学各学科研究全面展开，在《资本论》研究，社会主义所有制研究，会计、统计、财政学方面的研究，成绩斐然，为全国瞩目，奠定了经济学迈向一流学科的坚实基础。

化学为厦大理科中最早的学科之一，展示着一流学科的形象。1939 年，傅鹰博士受聘厦门大学并任教务长兼理学院院长，他给厦门大学带来了化学正在从经典的统计热力学深化为理论化学、结构化学的最新发展信息与理论，从而让厦大化学学科及时捕捉到量子化学、量子力学的发展，跟上世界潮流。自此，化学学科的发展呈现云帆济海之势。新中国成立后，催化的研究与应用、海洋化学分析成果显著，电化学研究、物质结构研究、有机物电极、电分析和有机物电解制备也都在学术界崭露头角。1972 年，蔡启瑞教授与唐敖庆、卢嘉锡两教授联袂承担国家重大基础理论研究课题“化学模拟生物固氮”研究，与国际同步攻关世界理论难题，成果受到国际同行的赞赏。这个时期的厦大化学，已具备国内一流、国际具有重要影响的学科声望。

除此，海洋生物研究，金定鸭研究及北京鸭与金定鸭的杂交研究，半导体物理、半导体化学、植物生物学以及数学等方面的基础理论研究，都有全国性影响。理科各系与福建省其他单位联办建立的 8 个新的研究所，有效地促进了厦门大学科学研究与地方建设的紧密结合，拓宽了厦门大学科学研究的思路与途径，这也说明了成为文理综合性大学的厦门大学在学科建设上的明显进展。

从 1949 年新中国成立到 1966 年“文化大革命”爆发，厦门大学与全国高校一样，经历过“整风运动”、“教育大革命”和“大跃进”高潮。作为两岸对峙炮火中的海防前线大学，社会主义的办学方向和党在学校中的领导地位更加明确与坚定，厦门大学在人才培养与科学研究上探索前进，书写出新中国高等教育的新篇章。1963年9月12日,教育部以〔63〕教厅秘字第178号文件,将厦门大学定位为全国重点大学,“这是国家对厦门大学几十年来办学成就的充分肯定,从教育体制上明确地确立了厦门大学在全国教育事业中的重要地位”①。

1966年到1976年“文化大革命”运动期间,厦门大学与全国高校一样,遭受空前的洗劫。这是中国高等教育发展史上一次挫折和重大教训,经历过这样的风雨,拨乱反正之后,厦门大学的院系与学科建设空前发展。

四

1976年10月6日,党中央一举粉碎“四人帮”;1977年9月,全国恢复高考制度,1978年2月,教育部恢复厦门大学为全国重点大学。1981年10月,厦门被国务院确立为中国四个经济特区之一,身处中国经济特区的国家重点大学,厦门大学被历史推向了改革开放的前沿,学校逐渐顺利走向“党委领导下的校长负责制”的领导体制中,院系建设发展进入一个历史新时期。2000年之后,按照校院二级管理体制改革,各学院建立学院党委,建立并逐步完善学院党政联席会议制度,厦门大学院系建设得到空前发展。

至2020年,改革开放中的厦门大学全校已建有30个学院16个研究院,展现出门类齐全、学科强劲、专业特色明显、布局合理的整体风貌。依据院系建设与发展的历史,以1995年启动“211工程”为界,40多年的改革开放可分为两个时期:1978年至1995年为恢复与快速发展时期;1995年之后伴随着国家“211工程”、“985工程”、创建“双一流”建设,厦门大学院系建设进入跨越式发展时期。

1978年春天,当恢复高考制度后的第一届大学生走进厦大时,厦大共设有10个系29个专业,这些系与专业还只是集中于自然科学与人文社会科学的基础理论学科,基础雄厚,但面对世界新技术革命浪潮的兴起,新时期党和国家工作中心转移到社会主义现代化建设和改革开放上,尤其是经济特区和沿海开放城市、经济开发区的设立,原本的科系已经不能很好地适应新形势的需要,于是,学校大胆突破文理结构框架,调整学科与专业设置,大力充实、改造、复办老专业,增设一批新学科,优先创办一批涉外专业、应用科学和应用技

① 厦门大学档案馆、厦门大学校史研究室编:《厦门大学校史》第2卷(1949—1991),厦门大学出版社2006年版,第142页。

术专业，开展边缘新兴学科研究，迈步向文理渗透、多学科组成的综合性大学方向发展。

其一，以“起点要高，起点要新”的要求，创办一批新专业，集中在涉外、经济管理、新兴交叉学科与新技术专业。到 1995 年，全校已发展到 26 个系 61 个专业，突破长期以来保持的文理财经综合性大学格局，形成了包括智能科学、技术科学、人文科学、社会科学、管理科学、教育科学在内的多学科、结构比较合理、内容比较先进的学科体系。

其二，开始恢复学院建制。专业增多后，科、系不断发展，从管理与学科建设出发，开始逐步恢复学院建制。在 20 世纪 80 年代初期，先后成立经济学院、政法学院、全国综合性大学的第一个艺术教育学院、技术科学学院，其中技术科学学院的成立既带有复办工科的动机，更是以为国家培养急需的大量科技人才为目标，着重造就工科与理科相结合等交叉学科的开创性人才。学院作为学校派出机构，具有一定自主权。

其三，以长远的战略眼光，充实、更新老专业。如 20 世纪 70 年代复办海洋系。在 1952 年的院系调整中，厦大将海洋系一分为三，用建立海洋生物研究室的名义战略性留住了海洋生物学科的骨干师资与教学标本，这使得厦大在 1962 年前后依然成为我国海洋科学的重要基地之一。海洋系虽然不再存在，厦大理科其他系却增设了海洋物理、海洋化学和海洋生物等新的专业，各系与华东海洋研究所密切配合，共同进行了 26 项海洋科学研究，成果引起国外学术界注意，《美国科学界对中国科学的看法》一书也提到厦大海洋科学研究的情况。复办后的海洋系，采取少招本科生、多招研究生、重拳科研、提高质量的策略，开展学科建设，并增设海洋水文气象和海洋地质地貌两个专业，为海洋系建设全国一流学科打下了坚实良好的基础。

1995 年，厦门大学进入国家“211 工程”行列；2001 年，被列入国家“985 工程”重点建设高校；2017 年，入选国家 A 类“双一流”建设高校。在中国教育从教育大国走向教育强国的历史进程中，厦门大学的院系发展与学科建设，实现了跨越式发展。

1999 年 3 月，全校深化校内管理体制改革，开始实行校院二级管理，学院建制全面铺开，各学院按照学院办大学的发展趋势，遵循“优化结构、强化内涵、扶优促新、鼓励交叉”的原则推动学科与专业建设，从 1995 年到 2020 年，全校共设置 30 个学院 16 个研究院，新增 52 个专业，撤销 4 个专业，调整 18 个本科专业，最终设置本科专业 99 个，涵盖文学、哲学、历史学、法学、经济学、管理学、理学、工学、建筑学、医学、艺术学等 11 个学科门类，以学科为支撑，打造一批定位明确、管理规范、改革成效突出、师资力量雄厚、培养质量一流的院系与专业群；全校有17个国家级特色专业、2个国家级人才培养模式试验区、2个国家级专业综合改革试点，3个专业入选基础学科拔尖学生培养计划，24个专业13个项目入选教育部卓越人才培养计划。

这个时期，也是厦大研究生教育的大发展时期。1986年9月，国务院批准厦大试办研究生院；1996年3月，厦大正式获准设立研究生院；2018年，厦大成为全国首批20所学位授权自主审核单位之一。至2020年，全校共设有32个博士后流动站、36个一级学科博士学位授权点、45个一级学科硕士授权点。研究生院的建设与发展，推动了厦大研究生教育的空前发展，也更紧密地将厦门大学的学科建设与学院建设融为一体。

学科作为高校实施科研、教学活动和集聚人才的最基本的单元，是学校根本性的基础建设，也是院系建设发展的基础与支撑。这个时期，凭借国家“211工程”、“985工程”建设和创建“双一流”的支持，院系以学科为支撑，以学科建设为重心，凸显了学科建设的基础性与关键性。

其一，以学科建设为支撑为龙头，整合组建符合学科发展和拓展创新学科建设的学院，优化学科布局。如整合厦大早期传播和研究马克思主义与当代马克思主义教学研究的资源，成立马克思主义学院，设立“985工程”重点学科“马克思主义理论”、“211工程”三期国家重点学科“中国特色社会主义理论与实践”建设项目，与中共福建省委宣传部合作共建“厦门大学中国特色社会主义理论体系研究与培训基地”，加强学科建设，建设国内高水平的马克思主义理论学术创新基地。如整合全校电子工程、电子科学、微电子与集成电路、电磁声等相关学科，组成电子科学与技术学院，入选国家示范性微电子学院；整合软件学院、物理科学与技术学院、计算机与信息工程学院相关资源成立信息学院；将公共事务管理学院的社会学系与人文学院的人类学系组合成社会与人类学院，更准确对应国际学科范式；而像数学科学学院、国际关系学院、台湾研究院、教育研究院、萨本栋微米纳米科学技术学院，则是应对历史与国家的需求，在学校原本的优势或特色学科基础上建立起来的学院。其中数学与应用数学为国家级一流专业、国家一类特色专业、国家理科数学与应用数学基础科学研究和教学人才培养基地，入选国家基础学科拔尖学生培养计划；台湾研究院入选国家高端智库试点建设、培育单位。以教育部人文社科重点研究基地会计发展研究中心和国家重点学科工商管理为依托，整合MBA和EMBA、会计系、工商管理系、管理科学系与旅游管理专业组成管理学院，很快使管理学院成为中国最具竞争力的十大商学院之一。工商管理、会计学、财务管理和电子商务4个专业入选国家一流本科专业建设点，在2017年教育部公布的全国第四轮学科评估中，工商管理一级学科获评A类学科，经济学与商学进入ESI全球前1%行列。

其二，以大学科理念、通过国家人才培养基地和重点学科的依托带动，推进院系与学科的建设发展。1999年校院二级管理体制改革伊始，学校就开始推行大学科的学院建制理念，文、史、哲3个系6个一级学科，以国家文科历史学基础科学研究和教学人才培养基地与国家重点学科中国经济史为带动，组建人文学院，力图打通文史哲，"研究高深学问"和培养人文学科精英人才。以大医科理念，整合生命科学学院、医学院、药学院、公共卫生学院等力量，推进学科交叉融合，构建医、教、研有机融合的医科教育体系。2018年和中国卫生信息与健康医疗大数据学会共同建立医疗健康大数据国家研究院，汇聚理、工、医及社会科学十几个学院的教师与研究团队，通过自主创新和跨学科合作，产生一批国内外领先的具有良好产业转化价值的一流研究成果，凸显大学科整体的优势。

在大学科建设与学科协同创新中，以厦门大学牵头，与复旦大学、中国社会科学院台湾研究所、福建师范大学共同建设的国家协同创新中心"两岸关系和平发展协同创新中心"，以厦门大学、复旦大学、中国科学技术大学和中科院大连化物所为核心层组建的国家级协同创新中心"能源材料化学协同创新中心"，都体现出大学科、跨学科与跨越部门、学校的创新优势。2018年12月，国家自然科学基金委依托厦门大学建设"国家天元数学东南中心"。该中心由数学科学学院牵头，联合5个省14所高校为共建单位，更是以大学科、大组合、大跨越的组织形态打造具有一流核心竞争力的科学研究重镇。

其三，发挥优势，打造国内领先、国际一流的高峰学科，是这一时期厦大院系建设与发展水平最基本也是最重要的成果之一。目前厦门大学有理论经济学、应用经济学、工商管理、化学、海洋科学5个国家一级重点学科，另有25个国家二级重点学科，分布在经济、管理、化学化工、海洋与地球、生态与环境、法学、生命科学、人文等学院。另有化学、工程学、农学、社会科学、计算机科学、分子生物学与遗传学、微生物学、药物理与毒理学、地学、物理学、经济学与商学等18个学科在ESI全球排名前1%；17个学科在QS世界大学学科排行中榜上有名，上榜数居中国大陆高校第12位；37个学科登上软科世界一流学科排行榜，上榜数居中国大陆高校第8位。2017年，化学、海洋科学、生物学、生态学、统计学入选国家"双一流"建设行列。

当我们对厦大100年的院系发展做出梳理后，我们会发现，厦大百年院系的历史脚步，实际上是伴随着100年来中华民族伟大复兴的风云变幻与中国高等教育的命运嬗变而砥砺行走的，它走的是一条从小到大、从少到多、从大到强的历史发展之路，一条是院系建设与学科发展紧密融合的道路，一条是国际竞争力和整体实力不断提升的道路。百年院系不断调整不断演化的进程，也就是百年学科不断变革不断创新的历程，这里有成功的喜悦，也有挫折的教训，有起伏的艰辛，也有前进的欢笑，但无论在什么时候、在什么样的空间里，都向着校主陈嘉庚先生提出的“世界之大学”目标前行，都秉着“与世界各大学相颉颃”的意志行进，都朝着“中国特色，世界一流”的憧憬踔厉奋进。

五

“厦门大学百年院系史”系列的编撰出版，是各院系向厦门大学百年华诞献上的一份礼物，她以100年来各个学院、研究院的学科发展、专业建设、院系在时代中变动的脚步为主要内容，呈现不同历史时期南方之强的个性与风采。目的在于总结经验，传承命脉，弘扬自强不息、止于至善精神，激励“双一流”建设，为厦门大学与中国高等教育留下一份珍贵的历史叙述。全校共有30多个院系、研究院及厦大出版社参加了这个规模空前的编写工程。每部院系史主要包含以下内容：

一、历史的脚步。这是全书最主要的叙述，它通过对院系的历史梳理，描述出在各个历史时期的发展脉络与特征，客观呈现各学院发展进程中的主要事件，重点叙述以学科建设、人才培养为重心的发展变化、主要特点和成就，以及行政管理、社会服务上的变更发展。

二、党政管理。叙述院系党的建设情况，行政机构的变更，历任党政领导等。

三、学科发展。叙述院系学科建设发展的轨迹与特色、地位与成绩，包括博士授权点、硕士授权点介绍及其人才培养特色，研究基地、研究所、中心介绍及其工作特色，重点实验室介绍及其工作成就，对外交流成果等。

四、教学成果。阐述院系在人才培养与教学教育中的发展嬗变，包括专业设置、课程体系、精品课程与教改项目、教学成果奖、特色专业与创新试验区、教学团队、教材建设、人才培养基地、创新创业教育等内容。

五、学术成就。配合学科建设的发展，叙述学术上的做法与成就，包括获奖学术成果、主要著作与论文、主要研究课题。

六、附录：院系大事记。

这是一项具有长远意义且严肃的工作，学校要求各院系在编撰中坚持正确的政治导向，突出与中国共产党同龄的厦门大学教育救国、教育兴国、教育强国的历史步点；重点叙述与提炼各学科、各专业及人才培养的发展与成就，彰显学术大师和著名校友的贡献；历史须客观叙述，要求准确无误、有根有据，尽可能追根溯源，填补漏缺，还原历史，强调学术传承。但历史的写作须经千锤百炼，百年院系历史的叙述需要长期的淬炼，今天迈出的这个脚步，难免深浅不一，难免有疏漏之处，还有许多需要打磨甚至勘正的地方，还请各位读者批评指正。

全校的百年院系史系列编撰工作在2019年的春天启动，历时两年，在厦门大学百年华诞到来之际，终于与厦大人、与各方读者见面了。当各院系的撰写者在各自的历史隧道中搜寻攫微、考辨记载而写出自己的院系历史的时候，实际上是在对一个学科、一个院系的过去与今天的研究梳理，也是对明天的一个重要启示。相信经过这次院系史的研究编写，各学院各学科将会以史为鉴，以更宏伟的规划更准确的定位更实在的工作，在党的坚强领导下，向着“中国特色，世界一流”的建设方向，奋力推进厦门大学院系建设与学科发展。

2021年3月12日

前　言

厦门大学由著名爱国华侨领袖陈嘉庚先生于1921年创办，是中国近代教育史上第一所华侨创办的大学，也是国家“211工程”和“985工程”重点建设的高水平大学，并于2017年入选国家公布的A类世界一流大学建设高校名单。

厦门大学是全国最早开办电子类相关学科的高校之一，也是最早成立半导体学科的高校之一。电子学科历史悠久，历任学科带头人悉心任事，多有建树；众位教师精心耕耘，孜孜不倦；莘莘学子锐意进取，青出于蓝。在历史的长河中，厦门大学电子人研制出全国第一个磷化镓红色、绿色、黄色平面发光二极管，第一台平板示波器，为国家、社会做出了卓越的贡献。中国半导体物理学科开创者和奠基人之一、中国科学院院士谢希德，美国国家工程院院士、中国科学院外籍院士萨支唐，中国科学院院士王启明、陈星弼、阙端麟，中国工程院院士许居衍，台湾新竹科技园创始人、电机学家何宜慈，微传感器技术创始人之一、电机学家葛文勋，都是厦门大学电子学科的俊彦翘楚。

欲穷千里绘新图，还须凭高作远瞩。为适应时代发展，培育电子人才，厦门大学整合学科资源，于2016年11月发文成立电子科学与技术学院(微电子学院)。站在新的历史起点上，厦门大学电子人不忘初心，牢记使命，攻坚克难，拾级而上。2018年9月，教育部正式批复同意将厦门大学微电子学院列入国家示范性微电子学院筹建单位。2019年5月，教育部正式批复同意厦门大学承建“国家集成电路产教融合创新平台”。平台以电子科学与技术学院(国家示范性微电子学院)为建设主体，聚焦解决国家产业发展“卡脖子”问题，支撑引导海西经济区集成电路产业升级，带动东南沿海集成电路产业与人才聚集，为国家尤其是厦门市乃至福建省半导体集成电路产业发展提供人才和技术支撑。

2021年，厦门大学迎来百年华诞，电子科学与技术学院也迈入了新的发展阶段，具有十分重要的里程碑意义。为响应厦门大学百年院系史编写号召，梳理电子学科的发展轨迹，学院高度重视，专门成立院史编撰委员会，编撰志书，鉴往知来。经过一年多来的线索搜寻、资料整理、分工协作，编委们披沙拣金，铢积寸累，院系史终成稿付梓，向校庆100周年献礼。

电子科学与技术学院院系史共有6个板块，分别为“历史的脚步”“党政管理”“学科发展”“教学成果”“学术成就”“附录”。“历史的脚步”板块以时间为脉络，重点讲述了学院在各个历史阶段的学科发展；“党政管理”板块以学院历史为根基，系统梳理了党政机构沿革、历任党政领导与党建思政概况；“学科发展”板块呈现了学位授权点建设与发展、学科专业设置、科研平台与队伍以及对外合作交流等内容；“教学成果”板块聚焦学科课程体系、教改项目、教材建设、人才培养等方面，重点突出学院取得的教学成果；“学术成就”板块罗列了学院教师的获奖科研成果、代表性科研成果和主要研究课题，重点突出学院取得的学术成就；“附录”板块收录学院重要事件。在编撰过程中，编委们本着实事求是的作风和一丝不苟的态度，综合运用文字、图片、表格等形式进行叙述，反复论证，数易其稿，力求准确完整地呈现实际情况。但由于岁月更迭，历史资料缺失，难免挂一漏万，存在纰漏；又因时间紧迫，经验缺乏，体例、文字不妥之处在所难免。全体编委衷心恳请各界前辈、方家不吝赐教，以期使本书渐臻完善。

本书编委会
于厦门大学海韵园
2021年3月

目录

c o n t e n t

第一章 历史的脚步

第二章 党政管理

第三章 学科发展

第四章
教学成果

第五章
学术成就

第六章
附 录

后 记

第一章 历史的脚步

厦门大学是全国最早开办电子类相关学科的高校之一，也是最早成立半导体学科的高校之一。电子学科历史悠久，源于1924年正式成立的物理学系和1940年由萨本栋校长在抗战烽火中亲手创办的机电工程系。1948年机电工程系分出电机工程系，1955年物理学系新增电子物理专门化，1956年创办半导体专门化，1959年成立无线电物理专业并于当年招生，从此厦门大学电子学科初具雏形。经历全国院系调整和校内学科资源整合，在近百年的学科发展历程中，一代代厦大电子人秉承“自强不息，止于至善”的校训，栉风沐雨、砥砺前行，研制出全国第一个磷化镓红色、绿色、黄色平面发光二极管、第一台平板示波器等，为新中国半导体事业的发展做出重要贡献。谢希德、萨支唐、王启明、陈星弼、阙端麟、许居衍等两院院士和何宜慈、葛文勋等杰出校友曾在此学习或工作。

根据国家发展战略新兴产业的需求，2016年11月底，学校发文成立电子科学与技术学院（微电子学院）；2017年9月，初步完成院系调整；2018年9月，教育部正式批复同意将厦门大学微电子学院列入国家示范性微电子学院筹建单位，2019年5月，教育部正式批复同意厦门大学承建国家集成电路产教融合创新平台。目前，学院下设电子工程系、电子科学系、微电子与集成电路系、电磁声学研究院、实验教学中心。

筚路蓝缕，以启山林。在厦大电子人的不懈努力下，厦门大学电子学科实现了从无到有、由弱渐强的跨越式发展。学院将以百年校庆为契机，传承弘扬嘉庚精神，担当教育报国使命，立体化推进“团结创新，包容共享，让电发光，聚光出彩”的学院文化建设。加快推进一流学科建设，聚焦解决国家产业发展“卡脖子”问题，支撑引导东南沿海集成电路产业升级，为国家尤其是厦门市乃至福建省半导体集成电路产业发展提供人才和技术支撑。

第一节　萌芽阶段：电子学科的早期发展（1924—1949年）

厦门大学电子学科发源于1924年成立的物理学系。1936年秋，物理学系和算学系合并为数理系，属理学院。1937年，厦门大学改为国立。1939年，教育部要求厦门大学理学院筹设机电工程系。国际著名电机工程专家、厦门大学校长萨本栋教授经多方争取，于1940年秋创设机电工程系。理学院扩充为理工学院，从而为厦门大学工科发展准备好了“肥沃土壤”。同年，谢玉铭任院长，朱家炘任系主任。时值抗战，厦门大学在长汀办学条件十分困难。在朱家炘的苦心经营下，首先筹建了金工实习工厂，继而建立了电机实验室，以承担学生金工与电机实习的教学任务。机电工程系兼具动力机械和电机电讯两方面教学设施，除金工实习外，有热工实验、发电厂、电机、动力和电讯方面的实验室。1942 年 3 月，学校新聘原德国但泽工业大学机械工程师、交通部造船处主任、同济大学教授张稼益为机电工程系教授。朱家炘、萨本栋、张稼益三人构成教学主干，使机电工程系成为全校师资水准最高、对新生最具吸引力的学系。1940 年机电工程系创设时只有学生 9 人，至 1944 年已增至 202 人，成为全校第一大系。1942 年，傅鹰教授接任理工学院院长。1943 年，汪德耀教授接任理工学院院长。1944 年春，汪德耀教授代理校长职务，黄苍林教授继任理工学院院长。

朱家炘(站立戴眼镜者)指导机电工程系学生在工厂实习

为适应专业化的需求，机电工程系于 1946 年分设机械、电机两组。1947 年，联合国善后救济总署拨给厦大一批实验器材，包括发电设备、原动力机、水力机械、电焊机等。在实验设备、器材不断增加的同时，工学馆及机械工厂也处于紧张建设中，并于 1947 年 5 月落成，连同先前用日军油库改建的实验室及工具室，形成一组“门”字形建筑群，内有动力、热工、电工三个实验室。1948 年 3 月，学校又建成一座电机实验室，扩充了机电工程系的实验场所。1948 年夏，机械、电机独立成系的条件已经具备，经呈请教育部批准，原机电工程系划分为机械工程和电机工程两个学系。电机工程系设置发电厂配电网及其系统专业、无线电通讯及广播专业。朱家炘教授任机械工程系主任，寿俊良教授任电机工程系主任。同年 7 月，国民政府教育部同意学校申请，批准理工学院分设为理学院和工学院。机械工程系和电机工程系隶属工学院，黄苍林教授任工学院院长。

1946 年厦门大学女毕业生在长汀笃行斋合影留念

机电工程系教师中，著书立说者首推萨本栋校长。他在 20 世纪 30 至 40 年代编著有《普通物理学》、《实用微积分》和《交流电机》，被国内各大学广泛采用为教材。他还在美国出版有《并矢量电路分析》和《交流电机》两书。其物理学之巨著，被美国加州大学等著名大学选定为教本，被誉为中国学者之首创。此外，寿俊良教授著有《电厂工程》和《继电保护》两书，简柏教授著有《电机制造》一书，陈福习教授著有《机械设计原理》一书，黄苍林教授著有《无线电工程》一书。

第二节　起步阶段：学科发展方向的积极探索（1949—1977 年）

1949 年 10 月 17 日，厦门解放。10 月 20 日，厦门军事管制委员会宣布暂时接管厦门大学，厦门大学自此回到人民手中。解放后，按厦门市军事管制委员会的指示，文、法、商三学院 10 个系暂不招生，理、工两学院 8 个系于 12 月份招收新生135名。1949年年底，厦门大学正式复课，数理系属于理学院，系主任由理学院院长卢嘉锡兼任。1951年，方德植代理系主任。

解放初期，厦门大学共有5个学院18个系，电机工程系、机械工程系属于工学院四系之二。1950年，王亚南担任厦门大学校长后，对院系做了初步调整。工学院下属各系普遍分设专业组，机械工程系分机械制造、动力两组，电机工程系分电力、电讯两组。

1953年开始，我国实行第一个五年计划，为了适应大规模经济建设对人才的需求，中央提出高等教育应"以培养工业建设人才和师资为重点"，开展以东北、华北、华东为重点的全国规模的院系调整。

厦门大学大规模的院系调整，从1952年8月开始，至1953年年初基本结束；局部调整从1951年至1955年全部完成。1952年秋，随着全国院系调整，厦门大学恢复成立了物理学系，卢嘉锡暂兼系主任，后从校外调聘了上海交通大学黄席棠教授担任系主任。这一年，厦门大学物理学系党支部正式成立，首任支部书记由李岗担任。1953年，中央人民政府教育部发布了高等学校院系调整计划。是年7月，厦门大学奉命将工学院的机械工程系和电机工程系的电机组并入浙江大学，电机工程系的电信组并入南京工学院(现东南大学)。

院系调整之后，厦门大学根据教育部方针进行了教学改革，强调基础理论教学与实践的紧密联系，实行部颁教学计划和教学大纲。

1955年，物理学系物理学专业中就有电子物理专门化，下分无线电和电子发射两个方向。同年，物理学系开始固体发光研究，并研制出全国最早的电致发光材料。同样，半导体物理方面的研究也始于1955年，是我国开展半导体研究最早的单位之一，研究主要涉及半导体能带、化学键理论、半导体中的杂质缺陷、光电性质以及半导体器件物理等方向。1956年，物理学系研制出我国第一块导电玻璃，并建立发光研究实验室，成为全国最早进行发光物理教学与研究的主要单位之一。

1956年至1958年，物理学系派出刘士毅、吴伯僖、陈金富、孙书农、黄淡来到北京参加全国五所高校[即北京大学、复旦大学、厦门大学、南京大学和东北人民大学(现为吉林大学)]在北京大学共同举办的半导体专门化联合教学。在北京期间，刘士毅、吴伯僖等教师主编出版了《半导体物理实验》一书，对当时半导体物理的教学及实验方法起到了积极的指导作用。五校联合办学期间，1957年毕业的物理学系学生有许居衍、沈耀文、周必忠、郑健生；1958年毕业的有吕文选、蒋江涵等；从北京大学五年制毕业的学生有黄美纯、陈辰嘉、洪良基、王仁智。这些人员后来成为厦门大学物理学系半导体物理领域的中坚力量。

1957年五校联合半导体专业教师合影（前排左七和左十分别为黄昆、谢希德）

1958年，刘士毅和吴伯僖正式在物理学系建立半导体专业并开始招生，使厦门大学成为最早设立半导体物理专业的五所高校之一。半导体物理专业包括半导体和发光两个方向，一直开展各有特色的研究，在系内最早开始招收硕士与博士研究生。这一时期，专业内建立了从材料制备到晶体管制造的整套工艺流程，研制出福建省第一片单晶硅、福建省第一个二极管和三极管，并组装成福建省第一台晶体管收音机。在科研方面，承担多项国家科研项目，组建了研究半导体表面光伏的设备，在对二极管进行测量时首次发现二极管的负阻效应（同时期日本江崎也测量到该现象，其深入研究后发表了《重掺杂半导体二极管的隧道效应》，并获得诺贝尔物理学奖）。其间，刘士毅、黄永宝、吴伯僖合编出版了《半导体物理实验》一书。该书在20世纪50年代至60年代作为实验教材被各高校广泛采用。

1959 年出版的由刘士毅、吴伯僖等编的《半导体物理实验》

从 1952 年起至 1958 年，教学和科研仪器迅速增加，充实了普通物理实验室，不仅实验项目齐全，而且每一实验项目都有 4 至 5 套设备可供学生使用。同时，还开设了后继实验课程及中级物理实验(1981 年改称为近代物理实验)，先后从国外进口了大批较精密贵重的仪器，如大中型棱镜摄谱仪、各类干涉仪、折射计、光学显微镜、X 光机、空气液化设备等，总值近百万元人民币。中级物理实验室在当时高校中可算为最早建立、水平较高的实验室之一。

按照中央的指示，自 1958 年起，厦门大学师生在继续坚持先前紧张的对敌斗争的同时，掀起了轰轰烈烈的教育大革命新高潮。教育与科研方面有一定发展，学科建设随之增多，并成立了不少新系和新专业。这一时期学校重新办起了工科，机械系和电机系就是在此期间重新办立起来的。

1958 年，为适应福建省经济建设的需要，中共福建省委决定在省会福州建立综合型的理工科大学，命名为福州大学。根据中央及省委的指示，厦门大学积极支持了福州大学的建校任务。为筹建福州大学无线电物理系，1958 年至 1959 年厦门大学抽调了包括黄席棠、颜戊己、刘士毅等一批骨干教师前往福州大学任教。电子物理教研组、电子管工厂、化学一所、电子学一所、技术物理研究一所等整批人马和全套仪器设备都调往福州大学，使厦门大学电子学科的发展受到了一定的影响。1960 年 1 月，在福州大学建好自己的第一批校舍之后，厦门大学将 1958 年复办的机械系、电机系的教职工和学生也转至福州大学。

1959 年夏，无线电物理专业成立，并于当年招生。1960 年，无线电物理专业开设电子物理专门化。同年，应全国固体物理学术会议统一安排，黄美纯、吴伯僖和南开大学的朱健生等编写了物理译丛《场致发光》，并于 1964 年正式出版。该书出版后在很长一段时间内被作为相关专业的教材和主要参考书。

1961 年以后，教学秩序调整恢复，理论课程得到加强，有些专业的学制由四年改为五年，物理学系又逐步走回正常发展轨道。1962 年，无线电物理专业调整为专门组，保留原无线电物理教研室，负责物理学系的无线电物理基础课程教学。1963 年后，电子学科进入了缓慢发展阶段。1965 年 3 月，为贯彻中央和福建省教育改革的相关指示，实行理论与实践相结合，学校对理科的教学、科研和生产劳动重新做了调整和安排，并尽可能组织师生到工农业生产第一线去。为此，到 4 月底，理科各系师生先后走出校门，到厦门电控厂、电池厂等 17 个工厂，一边参加生产劳动，一边进行科学实验，承担直接服务于社会的科研项目。

1966 年开始的“文革”，使全国教育系统受到严重冲击。1966 年至 1969 年，学校停止招生，毕业生滞留学校。1970 年 8 月，校革委会提出建立“无产阶级教育新体制”，是“为了全面贯彻执行教育必须为无产阶级政治服务，必须同生产劳动相结合的方针的需要”。这种新体制是“在校办工厂、实验室、科研组的基础上，打破系的界限，把理科 4 个系的有关专业纳入校办的电子厂、化工厂、制药厂，实行厂带专业的新体制。各专业的教师、学员和工厂的工人统一组成专业连队，由工厂一元化领导，统筹安排教学、科研、生产”。电子厂下设 5 个车间，即电子材料车间、电子器材车间、电子仪器车间、自动控制车间、机修车间。其中，电子器材车间是半导体器件专业的“三结合”教学基地，主要进行各种半导体管、集成电路、场致发光等的研制，这个连队由物理学系物理专业改编而成；电子仪器车间是电子仪器专业的“三结合”教学基地，主要进行电视接收机、场致发光示波器和雷达等整机的研制，由原物理学系无线电物理专业改编组成；自动控制车间是自动控制专业的“三结合”教学基地，主要进行有关计算机和电子自动控制方面的生产和科研，由原数学系计算数学专业和物理学系有关电子自动控制的部分合并而成。其间，电子厂还组织建立了一整套平面制造工艺和测试设备，研制出硅平面二极管和三极管，制造出硅开关管。

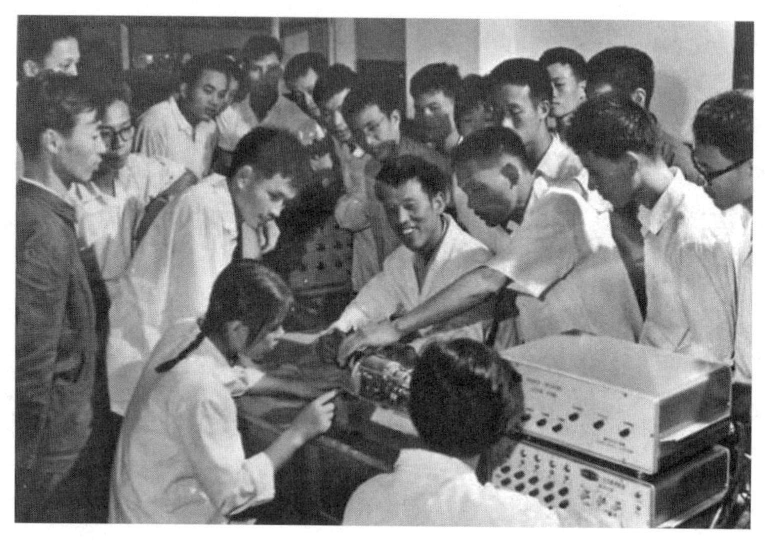

师生在电子仪器厂同工人一起研究工业电视机的技术问题

1970 年初，物理学系又复办无线电物理专业，拥有教师 30 多人，并抽调部分教师去开办厦大电子厂整机车间（后发展为厦大医疗电子仪器厂），其主要产品有心脏起搏器、心脏监护仪等，在全国高校校办工厂中享有盛名。1971 年，物理学系成立光电子物理专业，全系共设半导体物理、无线电物理和光电子物理三个专业。1974 年和 1975 年，刘士毅带领教师和学生到当时上海最先进的半导体工厂（无线电七厂、十四厂、十九厂）参加集成电路研制，成功研制出当时先进的中规模集成电路、单片式带译码驱动器，填补了当时国内的空白。在物理学系办厂期间，通过实践、总结经验，编写出版了《半导体器件工艺原理》一书。1976 年，物理学系的系办厂独立发展为厦门大学综合电子厂。“文革”后期，物理学系恢复系主任建制，由蒋江涵担任系主任，林蒲田担任党总支书记。

第三节　发展阶段：学系和研究院的成长壮大（1977—2015 年）

1977 年，全国恢复高校统一招生制度，从此电子学科进入新的发展阶段。1978 年起，吴伯僖教授担任物理学系系主任，林祖谋任物理学系党支部代理负责人，开始着手全面恢复及整顿物理学系的教学与研究工作，落实国家各项政策，执行全国教学计划和教学大纲。每年招收四年制本科生100名左右。

1978年，共开设基础课程20余门，“文革”前已开设的综合性大学物理学系必修课程均已恢复，并且得到充实。新开设“高等量子力学”“量子统计”“量子场论”“固体理论”等本科生及研究生学位课，同时增设大量选修课，总数20余门，如“固体物理”“半导体物理”“发光物理”“半导体器件物理”“磁共振波谱学”“固体光电性质”“信息光学”“激光光谱学”“电子计算机原理”“计算机算法语言”“信息论”“磁共振技术”“微波原理”“科技专业英语”等。另一方面，基础物理实验室和专业教学实验室的仪器设备得到充实，至1986年，实验仪器设备总值达700多万元。以教学为主的近代物理实验室，拥有的设备门类齐全，如高分辨磁共振谱仪、穆斯堡尔谱仪、大型光栅谱仪、X射线衍射仪及正电子湮没寿命谱仪等。

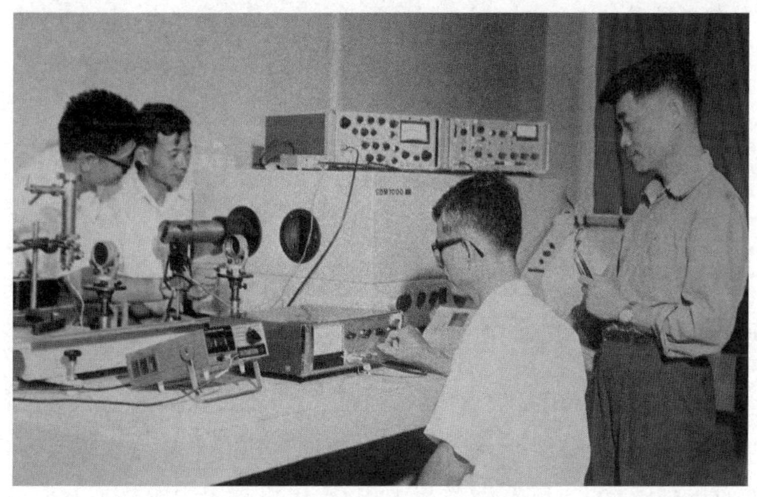

20世纪80年代初，吴伯僖(右一)在进行固体电子发光实验

1978年，重新成立技术物理研究所，第一任所长是吴伯僖教授。该所下设有若干个研究室，较早建立的研究室有：半导体发光研究室、半导体物理和器件物理研究室；后来又成立的研究室和实验室有：神经网络研究室、信息光学研究室、激光全息研究室、信息光电子学实验室、光纤光学与光谱实验室、非线性光学与光电测量实验室等等。

1978年，无线电物理教研室成功试制了福建省第一台晶体管电视接收机和晶体管电视自动转播机。同年，以刘士毅、吴伯僖教授为主，开始招收半导体物理与器件物理专业的硕士研究生。1979年，物理学系激光医疗器械科研组制成拉制光纤等实验装置。1980 年 5 月 10 日，中国科学院半导体研究所副所长、研究员林兰英同志受聘为物理学系兼职教授。1980 年，无线电物理专业拥有教师 40 多位，由原来只有一个专业教研室分为电子线路、无线电及波谱三个教研室。同年，物理学系开始招收无线电物理专业（波谱）研究生。

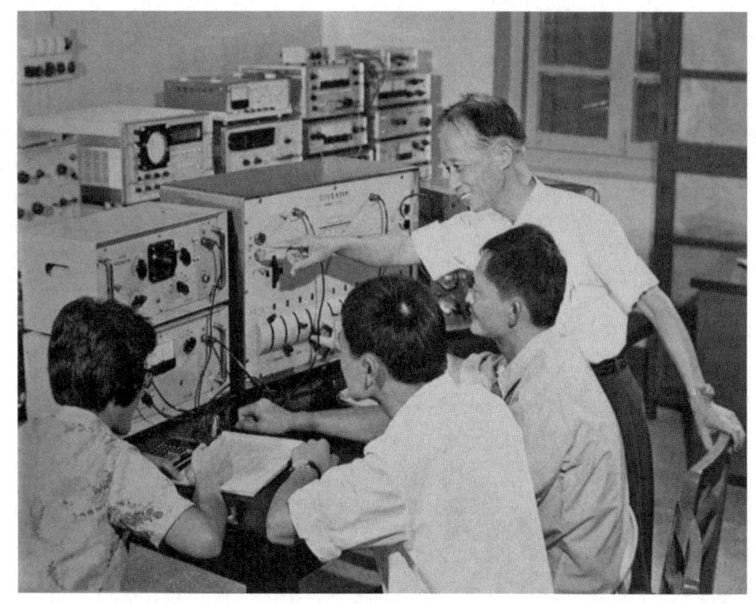

20 世纪 80 年代初，刘士毅（右一）指导半导体物理与器件物理专业硕士研究生

1981 年 11 月，国务院批准厦门大学为全国首批博士研究生、硕士研究生学位授予单位。当时物理学系可授予硕士学位的专业有半导体物理与器件物理、无线电物理。1982 年，以陈贤镕教授为主，开始招收无线电物理专业硕士研究生。陈贤镕教授从事无线电波谱学及顺磁共振谱的研究，取得了很多成果，并著有《电子自旋共振实验技术》一书。1983 年，公共电子学教研室成立，有教师 8 名，教辅 4 名，在缺编的情况下担负起全校理工科 8 个系电子学基础理论课和实验课的教学任务。1984 年，物理学系新增半导体物理与器件物理为博士学位授权专业。黄启圣副教授担任系主任，杨保田担任党总支书记。1984 年 2 月 9 日，时任中共中央政治局常委、中共中央顾问委员会主任、中央军委主席邓小平视察了厦门大学，并接见了电子领域专家沈持衡教授。

恢复高考后的第一届(1981届)半导体专业毕业生

1985年,根据学科发展需要,学校成立技术科学学院。同年4月,教育部正式批准厦门大学设立无线电电子学专业。根据学校办公会议的安排,为了加强领导、利于学科发展,决定成立电子工程系。5月,成立了以物理学系副系主任陈彩生为组长的"筹建电子工程系领导小组"。经过半年多的积极筹备,1985年12月,物理学系无线电物理专业一部分分出发展为电子工程系,另一部分无线电物理专业继续留在物理学系招生。电子工程系由原物理学系电子线路教研室、无线电教研室以及部分基础课教师组成。原无线电物理专业的在校学生,1984级30人、1985级全体无线电电子学专业学生,学籍转到电子工程系。

1986 年，电子学教研室获学校第二届南强奖一等奖

电子工程系成立之后，立即进行组织机构建设工作，全系分设 3 个教研室(电子线路、无线电、微机应用)、6 个课题组(微机应用、通讯、生物医学电子学、应用电视、信号处理、微波技术)。电子工程系首任系党政负责人为许克平与许宝瑞，许克平副教授任系副主任(主持工作)，许宝瑞任系直属党支部书记。全系拥有教授 1 人(沈持衡)、副教授 2 人、讲师 17 人、工程师 2 人、助教 10 人、助研 1 人、教辅 8 人，本科生 70 多人，研究生 3 人。1986 年 4 月 6 日，电子工程系电子学教研室被厦门大学授予第二届南强奖一等奖，以表彰电子教研室在教学方面所做的突出贡献。

1986 年起，物理学系开始招收半导体物理与器件物理博士研究生。1987 年，国家教委公布科学技术进步奖，物理学系发光教研室的《半导体发光器件光学参数测试》获得二等奖。学科资源的有效整合和教职员工的不懈努力，让厦门大学电子学科走上了发展的快车道。

为了向厦门经济特区输送更多专业人才，提高特区人员的专业素质，1986 年，电子工程系在厦门大学夜大学开办了五年制本科和三年制专科。系里选派了讲师级以上人员担任授课教师，开设了“电子技术”“近代无线电实验”“电磁场理论”“信号与系统”“电子测量技术”“电工基础实验”“电子线路实验”等课程。1991 年，在第一届夜大学电子类本科生即将毕业之际，时任厦门大学副校长、夜大学校长郑学檬专门以“振兴电子工业,全赖诸君努力”题字相赠,勉励电子毕业生发挥光热。

1987 年 4 月,许克平调任技术科学学院副院长,陈彩生任电子工程系副系主任(主持工作),许宝瑞继续担任系直属党支部书记。至 1987 年 12 月,电子工程系有 5 个教研室,10 个实验室,教职工 53 人,其中高级职称教师 7 人,在校本科生 117 人,硕士研究生 4 人。

电子工程系 1989 届本科毕业生合影

1988 年初,根据国家教委高校专业名称调整,电子工程系无线电电子学专业改称为无线电技术专业。1989 年,电子工程系与厦华电子有限公司合作,设立厦华奖学金,每年奖励综合测评名列全系前 10 名的同学,奖金额度每生 600 元。

厦华奖学金捐赠方——厦华电子有限公司

1990年9月，厦门大学技术科学学院改名为厦门大学工程技术学院，下设计算机科学系、科学仪器工程系、电子工程系和建筑系。1992年，电子工程系的无线电技术本科专业更名为电子信息工程专业。这一年，物理学系蔡志平博士在“掺杂光纤的光学特性”研究上取得全国领先的科研成果。1994年4月，厦门大学工程技术学院更名为厦门大学工学院。5月，国家教委与厦门市政府签订共建协议，以原厦门大学工程技术学院为基础，共同建设厦门大学工学院，许克平任院长。该年，新设立了通信工程专业。同年，电子工程系的声探测技术取得突破性进展，其水下图文、语音信息传输方面居国内领先并达国际水平。1996年，物理学系刘守、张向苏、赖虹凯发明的“用莫尔技术制作隐蔽型、显现型全息密码的装置”获得第十届全国发明展览会银牌。

1993 年，电子工程系义务维修队成立仪式

1998 年厦门歌乐电子企业有限公司设立“厦门大学歌乐奖学金”，表彰电子工程系成绩优异、综合测评名列班级前茅的优秀在学本科生及研究生。奖学金设立之初，获奖学生每人 1000 元；2017 年开始，奖学金提高至每人 3000 元。

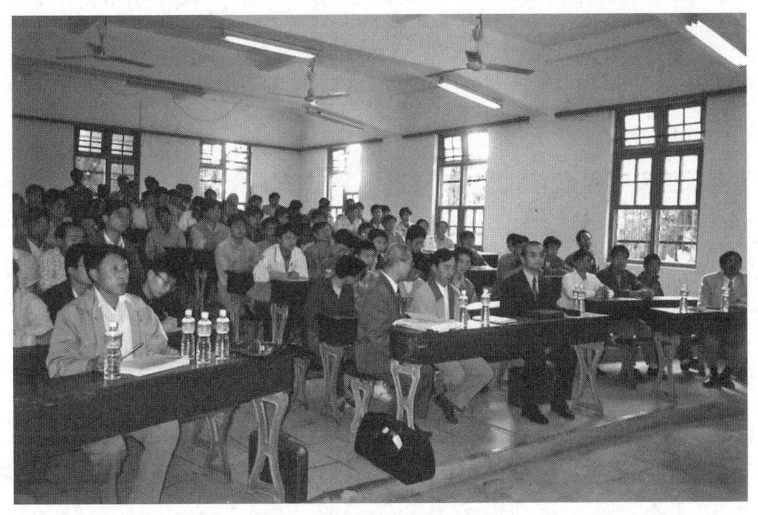

2002 年，歌乐奖学金颁奖现场

1999 年，物理学系获批“凝聚态物理与光电信息材料”省重点学科。1999 年起，物理学系无线电物理专业改名为电子信息科学与技术专业。1999 年，电子工程系、计算机科学系、自动化系组建计算机与信息工程学院（2004 年更名为信息科学与技术学院），许茹教授担任电子工程系主任，夏侯建兵任电子工程系党总支书记。

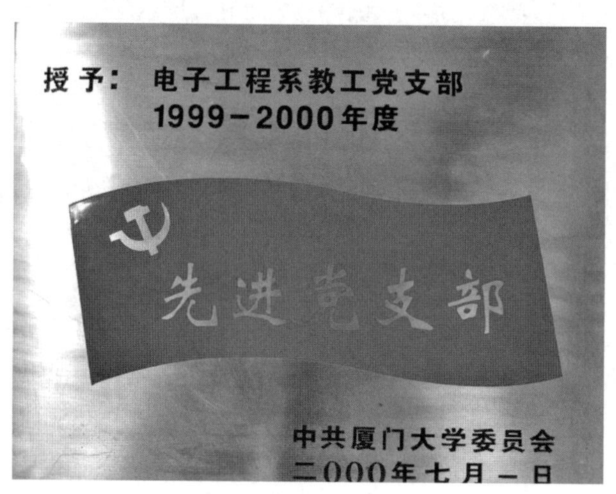

2000 年 7 月，电子工程系教工党支部荣获“厦门大学 1999—2000 年度先进党支部”称号

进入 21 世纪，电子信息科学与技术专业获得了长足的发展，研究方向和人才队伍得到了进一步的扩展和提升，逐渐形成了一个集人才培养、科学研究和技术创新为一体的理工结合的学科。在学科建设方面，形成了磁共振与医学成像、半导体照明及其检测技术、计算电磁场与微波测量、物理能源及相关电子技术 4 个主要研究方向。

2000 年，电子工程系获批电路与系统、通信与信息系统两个二级学科硕士点。2002 年，“电子信息技术”成为学校“十五”“211 工程”重点建设学科群。学校成立了萨本栋微机电研究中心（现为萨本栋微米纳米科学技术研究院），以电子科学与技术一级学科为核心发展交叉学科。同年，厦门大学物理系新增微电子专业，我校第一个省级工程技术研究中心“福建省集成电路设计工程技术研究中心”开始筹建，郭东辉教授任主任。2003 年，物理学系获批无线电物理博士点，电子工程系获批通信与信息系统博士点、信号与信息处理二级学科硕士点。同年，为响应国家对通信事业的大力发展需要，电子工程系抽调部分师资成立了通信工程系。

2004 年，无线电物理成为福建省重点学科。同年，“985”二期工程“光电信息材料与器件”科研创新平台正式启动建设，从事光电子技术研究的蔡志平教授从物理学系调入电子工程系任系主任。电子工程系下设光电子技术研究所、光波技术研究所及现代电路与系统技术研究所。2006 年，获批微电子学与固体电子学、电路与系统两个二级学科博士点，电子科学与技术、光学工程两个一级学科硕士点。2006 年，获准建设福建省半导体照明工程技术研究中心和厦门市半导体照明检测认证中心（厦大分部），陈忠教授任主任。

2007 年，康俊勇教授牵头申报的“微纳光电子材料与器件”教育部工程研究中心获批立项建设，建有微纳光电子材料制备、微纳光电子材料与器件测试表征、微纳光电子器件与应用、微纳光电子材料与器件设计 4 个工程实验室。2008 年，电子工程系设立集成电路设计与集成系统本科专业。

微纳光电子材料与器件教育部工程研究中心

2008 年 10 月，我校电子信息实验教学中心入选电子信息国家级实验教学示范中心建设单位，这是我校工科院系的第一个国家级实验教学示范中心，王琳教授任主任。同年，获准建设福建省等离子体与磁共振研究重点实验室，杨思泽教授任主任。

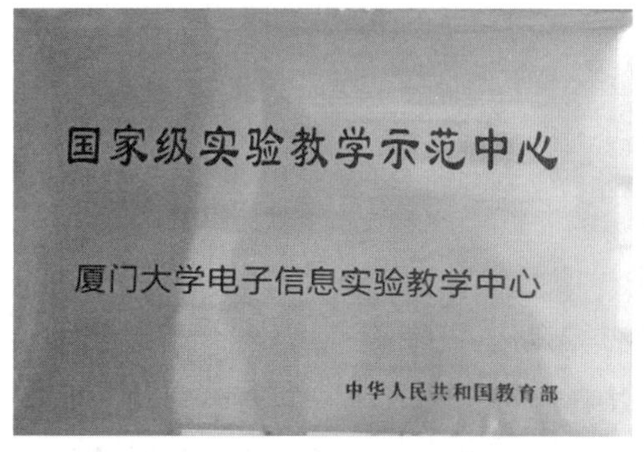

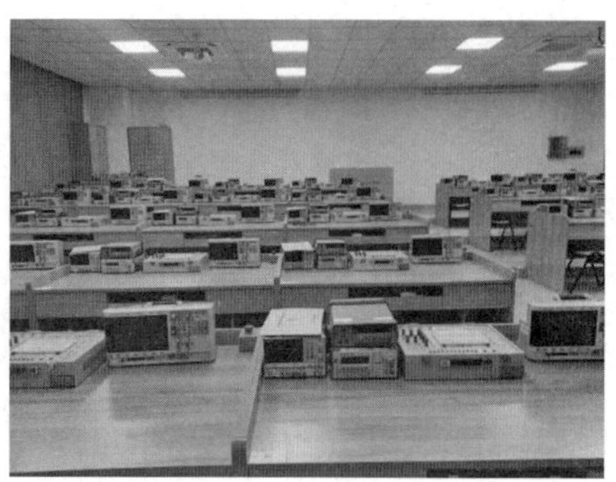

电子信息国家级实验教学示范中心

2009 年，厦门信和达电子有限公司董事长黄健代表公司向厦门大学捐赠 100 万元，设立厦门大学“黄金定助学金”，吸引和鼓励青年学生积极投身集成电路设计产业，为紧缺型集成电路人才的培养做出贡献。

2017 年，黄金定助学金颁奖仪式现场

2009 年，时任福建省委常委、省纪委书记陈文清和时任福建省委常委、厦门市委书记何立峰调研厦门市集成电路设计公共服务平台，厦门大学“福建省集成电路设计工程技术研究中心”主任郭东辉教授作为厦门集成电路千亿产业链发展规划的主要专家之一陪同调研。平台旨在为企业提供集成电路设计、测试与培训、政策咨询、市场开拓、孵化促进等服务，与厦门各大高校共同培养集成电路高端人才，推进厦门及周边地区集成电路产业发展，服务地方经济发展。

2009 年，时任福建省委常委、省纪委书记陈文清（前排中间）和时任福建省委常委、厦门市委书记何立峰（二排右二）调研集成电路设计公共服务平台

2010 年，电子工程系获批电子科学与技术一级学科博士点（下设物理电子学、电路与系统、微电子与固体电子学、电磁场与微波技术 4 个二级学科）。同年，电子工程系董俊教授入选“新世纪百千万人才工程”国家级人选。

2011 年 4 月，电子信息科学与技术专业从物理学系中析出，成立电子科学系，与物理学系同属于物理与机电工程学院，柳清伙教授任系名誉主任，蔡淑惠教授任系副主任（主持工作），倪祖荣助理教授任党支部书记。电子科学系成立之后，立即进行组织机构建设工作，全系分设 4 个研究方向，即核磁共振与医学成像、生物医学电子学、半导体照明、电磁场与微波技术。

2011 年 4 月，学校举办电子科学系揭牌仪式

2011 年 12 月，“福建省等离子体与磁共振研究重点实验室”正式挂牌。2012 年 10 月，由中国物理学会波谱学专业委员会主办、厦门大学承办的第十七届全国波谱学学术会议暨第四届海峡两岸磁共振学术研讨会在厦门大学举行。来自海峡两岸和香港以及北美地区的正式代表 400 余人交流了磁共振学科的最新进展，内容涉及磁共振技术在化学、生物、物理、医学等方面的基础及应用研究。

2012 年 10 月，承办第十七届全国波谱学学术会议暨第四届海峡两岸磁共振学术研讨会

2013 年 4 月，厦门大学电磁声学研究院正式揭牌成立，柳清伙教授任研究院名誉院长，刘颜回副教授任党支部书记。研究院是校级研究生培养单位，成立之初挂靠电子科学系。2013 年，张保平教授调入电子工程系任系主任。同年，电子科学与技术学科博士研究生陈姗姗的学位论文《超大面积石墨烯化学气相沉生长、性质及应用研究》被评为年度全国百篇优秀博士学位论文，指导老师为康俊勇教授，学科的人才培养质量达到了新高。

2013 年 4 月，学校举办电磁声学研究院揭牌仪式

2014 年 9 月，国家人力资源与社会保障部和全国博士后管委会公布第九批博士后科研流动站审批结果，我校电子科学与技术一级学科博士后科研流动站获批设立。该流动站由物理与机电工程学院电子科学系和物理系、信息科学与技术学院电子工程系、萨本栋微米纳米科学技术研究院共同申报，内含物理电子学、电路与系统、微电子、光电子学、固体电子学、电磁场与微波技术等方向。

2015 年，“福建省半导体光电材料及其高效转换器件协同创新中心”由我校牵头组建，福建师范大学、中国科学院福建物质结构研究所、厦门乾照光电股份有限公司为核心协同单位，中心主任为康俊勇教授。同年 11 月，电磁声学研究院获批建设福建省高校电磁波科学与探测技术重点实验室。

第四节　崭新阶段:电子科学与技术学院的成立与建设(2016 年至今)

2016 年 5 月,学校成立“厦大微电子学院”建设领导小组,组长由厦门大学校长朱崇实担任,副组长由副校长杨斌、邬大光、叶世满担任。领导小组牵头组织有关单位,听取工学部意见论证在学校现有相关学科的基础上组建微电子学院,拟定微电子学院定编定岗方案,并推进与台湾交通大学合作事宜。

2016 年 9 月,学校召开微电子学科建设征求意见会。会议认为,当前国家对集成电路的发展高度重视,福建省,尤其厦门市也将集成电路作为未来几十年支撑产业发展的核心技术,且厦门大学在集成电路领域学科建设具备良好基础。会议还讨论了微电子学院的建设思路。会议提出,新学院在新的起点上要有新的体制和机制来运行。一是要更加注重教学和科研资源的共享。二是要更加大力地推进学科交叉。三是要通过“双聘”制度等更加灵活的体制和机制充分发挥“人”的作用。四是要通过新学院的组建更好地改善微电子学科的科研条件,整合学科相关力量,避免电子科学和技术学科力量过于分散、“碎片化”的问题。

2016 年 11 月 7 日,学校发文成立厦门大学电子科学与技术学院(微电子学院)。电子科学与技术学院、微电子学院实行“两块牌子、一套人马”管理体制。

2016 年 11 月,教育部高教司张大良司长一行莅临我校调研电子科学与技术学院(微电子学院)建设情况。张大良司长充分肯定了我校微电子学院建设的进展。他指出,国家示范性微电子学院是新型的学院,是基础与应用相结合的学院,既要加强基础研究,培养基础性的拔尖创新人才,也要加强应用研究,培养高素质的应用性人才,同时,还需要加强政、产、学、研、用(应用)、金(金融机构)的结合。厦门大学有基础、有条件、有能力,相信一定能够办好国家示范性微电子学院。

2016 年 11 月，厦门大学和中科芯签署了《科研合作与人才培养协议书》，共建厦门（厦门大学）集成电路产学融合育人实践基地。我校校友、中科芯首席科学家许居衍院士（后排右五），时任厦门大学校长朱崇实（后排右七），中科芯总经理刘岱（后排右六）见签

2016 年 11 月，时任教育部高教司司长张大良（前排座左起五）调研我校电子科学与技术学院（微电子学院）建设情况

2017年1月，学校党委任命吴国瑛为电子科学与技术学院（微电子学院）党委书记，全面主持学院组建初期各项工作。

2017年3月，厦门大学校长办公会决议，国家示范性微电子学院筹建工作由副校长邬大光同志具体负责，副校长李建发和杨斌同志配合。同年5月，经校党委同意，成立学院工作临时领导小组，负责学院建设初期的运行与管理工作，集体研究决定重大事项。学院工作临时领导小组组长由学院党委书记吴国瑛担任，成员包括吴国瑛、时任物理科学与技术学院副院长陈忠、信息科学与技术学院副院长董俊、萨本栋微米纳米科学技术研究院副院长吕苗等，每周召开工作例会。

2017年4月，学院首次参加厦门大学“南强青年学者论坛”，以全新姿态广泛延揽海内外人才。2017年6月，学校校长办公会原则同意了电子科学与技术学院（微电子学院）组建方案。会议明确，学校从事电子科学与技术一级学科领域的教学与科研工作的专任教师、实验与工程技术人员调整归属到新学院；属电子科学与技术一级学科领域的教学、科研平台原则上调整归属到新学院，微纳光电子材料与器件教育部工程研究中心平台调整归属到新学院。

2017年6月，学院组织“双一流”建设项目申报，微电子学科方向入选化学与物质基础学科群“双一流”建设重点建设方向，智能科学仪器、智能电子信息技术2个学科方向入选材料与智能制造学科群“双一流”建设重点建设方向。

2017年7月，学校在科学艺术中心一楼多功能厅召开全校教师干部大会，中共中央组织部干部三局副局长魏向阳在会上宣布了中共中央、国务院的任免决定：张荣担任厦门大学校长（副部长级）。

2017年9月，电子科学与技术学院正式开始招生。同时，由学院支援建设的厦门大学马来西亚分校电气与电子工程系也正式成立，经马来西亚教育局、马来西亚国家学术鉴定局（MQA）和马来西亚工程师委员会（BEM）批准，开始招收电子信息工程专业的国内外学生。

2017年12月，学院召开建设发展研讨会，邀请南京大学电子科学与工程学院党委书记闵建洪，院长施毅，副院长韩平、徐骏、王元庆，微电子系主任陈敦军，江苏省光电信息功能材料重点实验室副主任刘斌等参加，校党委副书记、纪委书记赖虹凯出席会议。受邀专家从人才队伍建设、学科发展理念、课程设置以及教学管理等方面分享了独到的见解与宝贵的经验。

2017 年 12 月，学院邀请南京大学电子科学与工程学院院系负责人共谋学院建设发展

2018 年 3 月，学校校长办公会研究确定了电子科学与技术学院人员调整等有关事项。会议确定将电子科学系、电子工程系的专任教师和工程、实验等系列专业技术人员成建制连人带岗调整至电子科学与技术学院；将物理系微电子专业调整至电子科学与技术学院。同年 3 月，新增电磁场与无线技术专业。

2018 年 7 月，校友泉州宝隆机械有限公司董事长蔡方生捐资设立“蔡文种奖学金”，每年 10 万元，旨在激励学生勤奋学习、刻苦钻研，自强不息、立志成才。

2018 年 8 月，学院召开第一次科研工作会暨“双一流”建设推进会。会议围绕学院“双一流”建设目标，分析学院学科建设、科研创新、人才培养等建设项目，研讨教育部第四轮学科评估的反馈意见和改进举措。

2018 年 7 月，校友蔡方生(左二)受聘为电子科学与技术学院兼职教授

为满足国家集成电路产业发展对高素质人才的迫切需求，在学校党委和行政的大力支持下，以学院党委书记吴国瑛和主持工作副院长陈忠为组长的申报小组主动担当作为，全力推动国家示范性微电子学院的申报工作。经过艰苦努力，2018 年 9 月，教育部批复同意将厦门大学微电子学院列入国家示范性微电子学院筹建单位，厦门大学电子科学与技术学院与南方科技大学深港微电子学院成为全国仅有的 28 所国家示范性微电子学院筹建单位的最后两所入选单位。要求学校要"认真贯彻落实《教育部 国家发展改革委 科技部 工业和信息化部 财政部 国家外专局关于支持有关高校建设示范性微电子学院的通知》(教高函〔2015〕6 号)和《教育部等七部门关于加强集成电路人才培养的意见》(教高〔2016〕1 号)等文件要求，高起点谋划、高标准建设，整合资源、强化特色，乘势而为、加快推进，全面提升微电子与集成电路人才培养能力，为解决我国芯片'卡脖子'问题和区域产业发展做出积极贡献"。

中华人民共和国教育部

教高函〔2018〕9号

教育部关于同意厦门大学微电子学院列入示范性微电子学院筹建单位的批复

厦门大学：

你校《厦门大学关于申请列入国家示范性微电子学院的请示》(厦大综〔2018〕12号)收悉。经研究，现批复如下：

同意将厦门大学微电子学院列入示范性微电子学院筹建单位。厦门大学要认真贯彻落实《教育部 国家发展改革委 科技部

2018年9月，学院获批列入国家示范性微电子学院筹建单位

2018年9月，学校召开微电子学科发展论证咨询会，邀请中国科学院院士郝跃、刘明等境内外微电子知名专家和厦门市相关产业代表共聚一堂，为厦门大学微电子学科的发展建言献策。

2018年9月，学校召开微电子学科发展论证咨询会

2018年11月，2018年度何梁何利基金颁奖大会在北京举行。张荣校长以其在宽禁带半导体材料器件领域取得的卓越成就，荣获何梁何利基金“科学与技术进步奖”。

2018 年 11 月，张荣校长荣获 2018 年度何梁何利基金“科学与技术进步奖”

2019 年 1 月，学院召开第一次教学工作会议，会议围绕学院“双一流”建设目标和全国第五轮学科评估，结合学院学科建设、人才培养、科研创新等工作，进一步总结教学工作经验、凝聚教学改革共识、提升人才培养质量，努力推动学院人才培养工作在新时代迈向新台阶。

2019 年 1 月，学院第一次教学工作会合影留念

2019 年 4 月，时任福建省委常委、厦门市委书记胡昌升，时任厦门市委副书记、市长庄稼汉带队来到学院调研，胡昌升、庄稼汉对我院教学科研建设发展和产学研协同创新情况给予了肯定，鼓励学院要坚持科技创新，注重产业需求，推进科技成果转化，把发展壮大电子产业尤其是集成电路产业作为重点建设方向，办出特色、办出优势，为国家、福建、厦门集成电路事业发展多做贡献。

2019 年 4 月，时任福建省委常委、厦门市委书记胡昌升（前排左三），时任厦门市长庄稼汉（前排左二）来学院考察调研

为统筹推进“双一流”建设和深化产教融合改革，加快集成电路等“卡脖子”技术领域人才培养，加快关键核心技术攻关，2019 年国家发展改革委试点支持有关中央高校建设国家集成电路产教融合平台项目。在学校党委书记张彦、校长张荣的直接关心指导下，在副校长叶世满、江云宝的亲自带领下，在教育部高等教育司副司长、厦门大学党委副书记林东伟的协调支持下，学院抢抓机遇、迎难而上，成立以学院党委书记吴国瑛和主持工作副院长陈忠为组长的平台项目申报小组。平台项目申报小组集全院之力，积极走访调研政府部门、企事业单位，充分征集意见，多轮推敲论证，精心设计方案，反复打磨可行性研究报告和平台建设方案，力求尽善尽美。在学院的主动作为下，厦门大学多次召开专家论证会、研讨会，同时积极赴京汇报。2019 年 5 月，教育部正式批复同意厦门大学承建“国家集成电路产教融合创新平台”，我校与清华大学、北京大学、复旦大学成为首批入选的平台建设高校。项目总经费 2.02 亿元，建设周期 3 年。建设目标为：依托厦门大学建设集人才培养、科学研究、学科建设于一体的区域共享型跨学科国家集成电路产教融合创新平台，加快培养集成电路产业急需的复合型、交叉型及高端专业人才，提升第三代半导体等集成电路重点前沿方向的科研能力和水平。支撑引导海西经济区集成电路产业升级，带动东南沿海集成电路产业与人才聚集。为福建省，尤其厦门市半导体集成电路产业发展提供人才和技术支撑。平台建设任务为：(1)人才培养方面：主要面向东南沿海地区相关高校和企业，具备每年为1500名人才提供集成电路教学与实训的能力。(2)科研创新方面：围绕集成电路工艺和设计方面的核心关键技术开展研究，包括第三代半导体新材料新器件如micro-LED巨量转移、集成封装与彩色化等先进显示核心技术，MEMS特色工艺技术，5G射频RF器件，77 GHz以上超高频毫米波封装技术等。(3)学科建设方面：通过平台建设和技术研发，在第三代半导体新材料新器件、光电集成和MEMS特色工艺和先进封装等领域建成国内领先、国际先进学科，推进厦门大学微电子集成电路学科的“双一流”建设和发展。

中华人民共和国教育部

教发函〔2019〕27号

教育部关于厦门大学国家集成电路产教融合创新平台项目可行性研究报告的批复

厦门大学：

你校《关于上报〈厦门大学国家集成电路产教融合创新平台

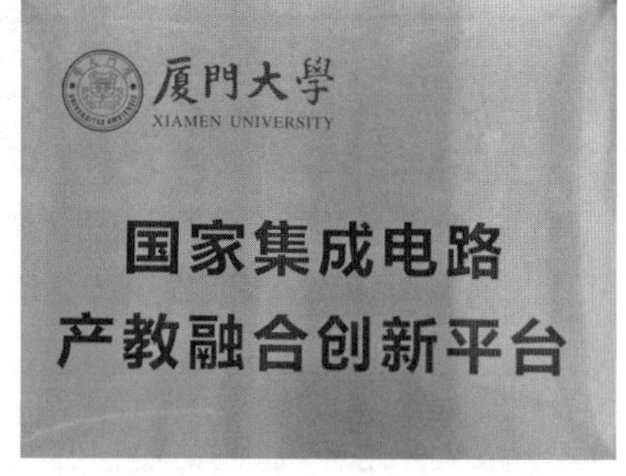

2019年5月，教育部批复厦门大学筹建国家集成电路产教融合创新平台，电子科学与技术学院是平台建设的主体单位

2019年6月，集成电路设计与集成系统专业从电子工程系析出、微电子科学与工程专业从物理系析出，共同成立微电子与集成电路系，于大全教授任系主任，并兼任微电子与集成电路系师生联合党支部书记。至此，电子科学与技术学院形成了以电子工程系、电子科学系、微电子与集成电路系、电磁声学研究院为主体的基本架构。

2019年7月，在学校与福建省九市一区校地战略合作会议上，学院与厦门市海沧区人民政府签约共建集成电路特色工艺与先进封装产教融合创新平台，全面提升微电子与集成电路人才培养能力，完善集成电路产业急需人才支撑环境，更好地服务福建省产业转型升级和深化发展；与三安光电股份有限公司签约共建第三代半导体产教融合创新平台，开展战略性、前瞻性、基础性、综合性科技创新以及人才培养合作。

2019 年 7 月，学院与厦门市海沧区人民政府签约共建集成电路特色工艺与先进封装产教融合创新平台

2019 年 7 月，学院与三安光电股份有限公司签约共建第三代半导体产教融合创新平台

2019 年 8 月，教育部副部长钟登华一行来我院考察调研。钟登华听取了关于学院概况、代表性科研成果及国家集成电路产教融合创新平台建设情况的汇报，观看了学院代表性科研成果展示，参观了微电子和微机电系统实验平台；他表示，要进一步提升服务国家的能力和水平，加快关键核心技术攻关和紧缺人才培养，推进人才培养和科技创新的有机结合，主动作为，勇担使命。

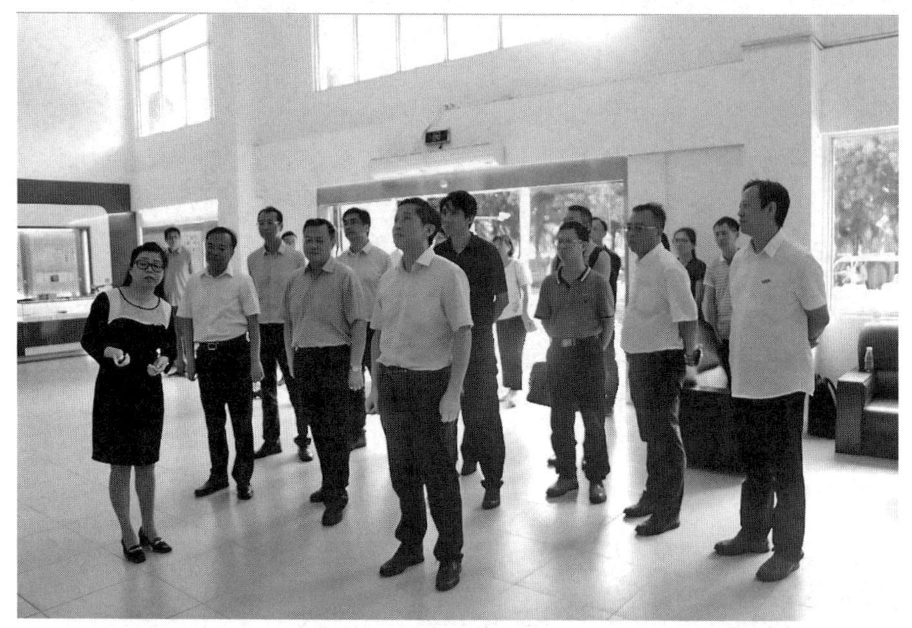

2019 年 8 月，教育部副部长钟登华(前排左二)来学院考察调研

2019 年 11 月，学院与龙芯中科、海康威视、锐捷网络、瑞芯微、联迪商用、新大陆支付、厦门信息集团、厦门海沧信息产业发展公司、美亚柏科、三安集成、联芯、厦门优迅、信和达、士兰集科、通富、云天半导体、立达信、宏泰机电、信步科技、浩源光电等 20 家电子信息企业，共商党组织共建，并进行实习实训基地签约，共谋人才培养与产业发展。

2019 年，学院与 20 家电子信息企业举行党组织共建和实习实训基地签约仪式

2019 年 12 月，电子信息工程专业入选 2019 年国家级一流本科专业建设点，电子信息科学与技术专业入选 2019 年福建省一流本科专业建设点。

2020 年 5 月，福建省教科文卫体工会工作委员会印发《关于表彰福建省教科文卫体系统模范职工之家、模范职工小家的决定》，授予学院工会“模范职工小家”荣誉称号，以表彰学院职工之家创建工作所取得的成绩。

2020 年 7 月，厦门大学与厦门市海沧区人民政府举行共建集成电路特色工艺与先进封装产教融合平台合作协议签约仪式，共建经费 2000 万元。双方坚持“产教合作、多方参与、共同培养、理论与实践相结合”的基本原则，推动高校科研与地方产业发展齐头并进，促进东南沿海成为集成电路产业和高水平人才的聚集区，构建集成电路产业融合发展的新格局。

2020 年 8 月，2020 世界半导体大会才智论坛暨第四届集成电路人才发展高峰论坛在南京召开。会议同期举行了“集成电路设计自动化产教融合联盟（EDA 产教融合联盟）”的揭牌仪式。学校正式成为集成电路设计自动化产教融合联盟的 17 个理事单位之一。

2020 年 7 月，厦门大学与厦门市海沧区签订共建集成电路特色工艺与先进封装产教融合平台合作协议，市委常委、海沧台商投资区党工委书记、区委书记林文生（后排左一）和厦门大学校长张荣（后排右一）见签

2020 年 8 月，《厦门市与厦门大学共建国家集成电路产教融合创新平台工作方案》正式获得厦门市政府批准，共建经费 2000 万元。共建平台主要面向集成电路设计、第三代半导体、特色工艺与先进封装三大领域，力争在产业人才培养、技术研发、学科建设等方面发挥标杆和引领作用，成为厦门地区集成电路领域的技术辐射中心、产业人才培养与培训的重要基地。

2020 年 9 月，厦门龙胜达照明电器有限公司董事长李希龙校友代表公司捐赠给厦门大学 1000 万元，设立厦门大学“龙胜达教育基金”，其中 800 万元支持学院实验室建设，表彰有突出贡献的实验室集体和教职工个人。12 月，Intematix/深圳格亮光电有限公司董事长、总经理刘晓校友捐赠给厦门大学 100 万美元，设立厦门大学“刘晓教育基金”，资助“刘晓数理电子科学奖”相关奖项的评选。12 月，厦门优迅高速芯片有限公司董事长柯炳粦校友捐赠给厦门大学 100 万元人民币，支持电子科学与技术学院的建设和发展之用。

校友李希龙(左图前排右一)、刘晓(右图右一)向我校捐赠

校友柯炳粦委托其创办的厦门优迅高速芯片有限公司董事及运营总监柯腾隆(右二)向我校捐赠

2020 年 10 月,国家集成电路产教融合创新平台建设会在厦门大学召开,国家发展改革委员会(以下简称“国家发改委”)社会司司长欧晓理、教育部高等教育司司长吴岩出席会议。会议由国家发改委、教育部主办,来自北京大学、清华大学、复旦大学、华为技术有限公司、三安光电股份有限公司等 29 个政府部门、高校与相关企事业单位 130 余人参加。会议总结了国家集成电路产教融合创新平台建设经验,中新网、东南网、厦门日报等多家媒体进行了有关报道。

2020 年 10 月，学院承办国家集成电路产教融合创新平台建设工作会

“十三五”期间，学院党委以习近平新时代中国特色社会主义思想为指导，深入贯彻落实党的十九大及十九届二中、三中、四中、五中全会精神，进一步加强党的领导，增强“四个意识”、坚定“四个自信”、做到“两个维护”。学院创建初期，在学院党委的领导下，全体师生勠力同心，攻坚克难，立柱搭梁，开拓资源，相继获批建设国家示范性微电子学院、国家集成电路产教融合创新平台，创造出经得起检验的工作业绩，顺利完成建设初期的既定目标和任务。近年来，学院各项工作取得长足进展，综合实力显著增强，社会声誉持续提升，学院党委不断强化政治引领作用，以“团结创新、包容共享、让电发光、聚光出彩”为学院文化，带领全院师生，不忘初心，砥砺前行，为学院事业发展提供了坚强有力的组织保证。坚持立德树人根本任务，坚持用习近平新时代中国特色社会主义思想铸魂育人，不断加强理论武装，推动全院师生、党员干部政治理论学习常态化、制度化，把社会主义核心价值体系教育融入思政教育的全过程。扎实开展“不忘初心，牢记使命”主题教育，力求把主题教育成果转化成为推动学院一流学科建设、为党育人为国育才的强大动力和干事创业的激情。加强制度建设，不断完善制度体系，增强制度意识，严格制度执行，认真贯彻民主集中制，严格执行党政联席会、党委会议事规则及“三重一大”决策制度，定期研究思政教育、制度建设、学科建设、教学科研、人事外事、安全稳定、意识形态等重要工作。坚持党管干部、党管人才，紧紧抓住“关键少数”，顺利完成首届学院党委选举、系级领导班子选任及教师党支部书记换届，抓好班子、带好队伍，凝聚人心、推动发展。夯实基层基础，以增强党支部凝聚力和战斗力为重点，聚焦党支部规范化建设，对标争先提升党建质量，大力推进教师党支部书记“双带头人”培育工程。积极优化党支部设置，探索师生联合党支部模式，成立微电子与集成电路系师生联合党支部、半导体照明实验室师生联合党支部、电磁声学研究院师生联合党支部，将党的组织功能延伸到人才培养、学科建设、科学研究全过程、全方位，做到关键环节有组织把关、关键时刻有党员支撑、关键步骤有党员先行，充分发挥支部战斗堡垒和党员先锋模范作用，激发党建工作推进事业发展新动能。强化党建引领作用，以党风强作风带师风促学风，引导广大教师争做“四有”好老师，培养学生成为堪当大任的时代新人。维护校园安全稳定，站稳守好意识形态阵地，坚持做好实验室安全管理。坚持以党的基层组织建设带动学院工会、共青团、妇委会、关工委建设，构建“党建带团建，党群一体化”工作格局。

截至 2020 年 12 月，学院下设电子工程系、电子科学系、微电子与集成电路系、电磁声学研究院、实验教学中心。学院拥有电子科学与技术一级学科博士学位点和博士后流动站，可招收电子科学与技术一级学科学术型硕士生、博士生和博士后；拥有电子与通信工程专业型硕士学位授权点。学院开设有电子信息工程、电子信息科学与技术、微电子科学与工程、集成电路设计与集成系统、电磁场与无线技术等 5 个本科生专业。其中，电子信息工程专业入选 2019 年国家级一流本科专业建设点；电子信息科学与技术专业入选 2013 年教育部卓越工程师教育培养计划、2019 年福建省一流本科专业建设点；微电子科学与工程专业入选 2007 年福建省特色本科专业、2020 年福建省一流本科专业建设点；集成电路设计与集成系统专业入选 2016 年福建省特色本科专业。

截至 2020 年 12 月，学院有在职教职工 133 人，其中教授 27 人、副教授 39 人、助理教授 12 人、专业技术人员 36 人。专任教师中，90％以上具有博士学位，70％以上具有海外学习工作经历。教师队伍包括外籍院士 1 人、国务院特殊津贴专家 3 人、国家百千万人才工程入选者 2 人、国家级青年拔尖人才 3 人、教育部新世纪优秀人才支持计划入选者 4 人；“闽江学者”特聘教授 6 人、福建省百千万人才工程入选者 2 人、福建省“双百计划”人才 4 人、福建省杰出青年基金获得者 3 人、福建省高校新世纪优秀人才支持计划入选者 4 人；厦门大学南强青年拔尖人才 8 人。

截至 2020 年 12 月，学院有在校学生 1522 人，其中本科生 791 人、硕士研究生 577 人、博士研究生 154 人。学院有 1 门课程入选国家级精品视频公开课，2 门课程入选国家级一流本科课程，13 门课程入选福建省一流本科课程。学院就业率超过 96%，主要选择电子信息传输、软件和技术服务业，制造业、金融业等行业技术研发岗，所学专业与工作对口程度较高；就业去向主要为国家重要行业和关键领域及战略性新兴行业等，薪酬待遇高于全校平均水平，就业满意度较高。本科生升学率超过 46%，去向主要为清华大学、北京大学、复旦大学、浙江大学、南京大学、香港科技大学、新加坡南洋理工大学、纽约大学等境内外名校。2019 年，学院学子共获得大学生科技创新国际级奖项 6 个、国家级奖项 23 个、省部级奖项 56 个，其中获中国研究生电子设计竞赛一等奖 3 项，取得厦门大学在该项赛事中的历史性突破。2020 年，我院学子共获得大学生科技创新国际级奖项 10 项、国家级奖项 30 项、省部级奖项 95 项，其中在第六届中国国际“互联网+”大学生创新创业大赛总决赛中获得 2 项银奖，在中国研究生电子设计竞赛中获得 5 项一等奖。

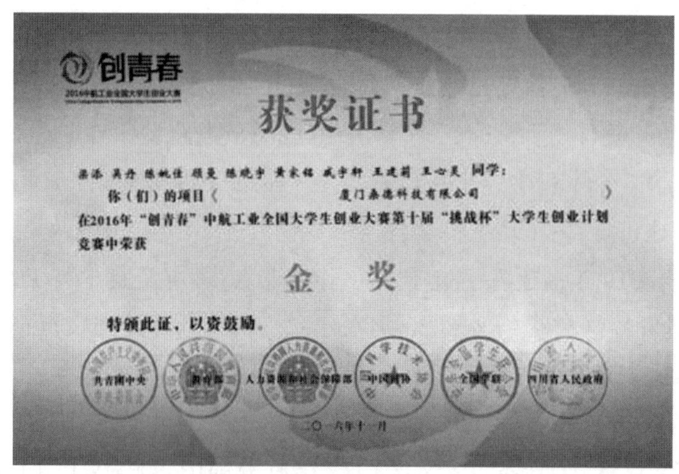
创青春

获奖证书

你（们）的项目《 》

在2016年“创青春”中航工业全国大学生创业大赛第十届“挑战杯”大学生创业计划竞赛中荣获

金　奖

特颁此证，以资鼓励。

共青团中央　教育部　人力资源和社会保障部　中国科协　全国学联　四川省人民政府

二〇一六年十一月

2016 年 11 月，我院学子荣获第十届“挑战杯”创业计划竞赛金奖

学院建设、共建的科研教学平台主要包括：国家集成电路产教融合创新平台、电子信息国家级实验教学示范中心、微纳光电子材料与器件教育部工程研究中心、福建省半导体照明工程技术研究中心、福建省集成电路设计工程技术研究中心、福建省电子设计自动化工程研究中心、福建省等离子体与磁共振研究重点实验室、福建省 LED 照明与显示行业技术开发基地、福建省光电照明与显示企业服务型制造公共服务平台、集成电路设计与测试分析福建省高校重点实验室、电磁波科学与探测技术福建省高校重点实验室。“十三五”期间，学院承担了各类纵向科研项目 117 项，立项总经费 13860 万元。学院高水平研究成果稳步增长，获何梁何利基金科学与技术进步奖 1 项；以第一完成单位获福建省自然科学奖二等奖 1 项、福建省科技进步奖二等奖 3 项、其他各类省部科研奖 11 项。

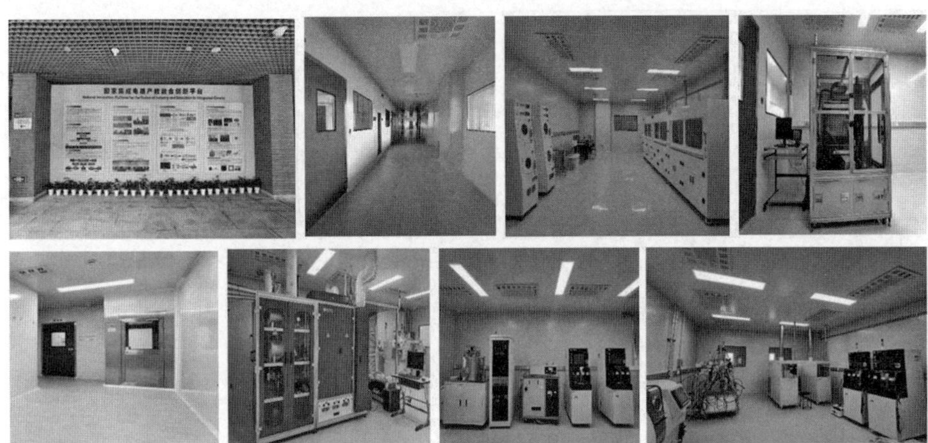

国家集成电路产教融合创新平台——集成电路特色工艺与先进封装基础工艺平台

微纳光电子材料与器件教育部工程研究中心大型仪器设备

学院现任党政领导共有 7 人，分别是党委书记吴国瑛，院长陈忠，副院长董俊、张保平、蔡励元，党委副书记方银水、郑莉。在学院党委和行政的领导下，全院教职员工上下一心，传承弘扬嘉庚精神，担当教育报国使命，继续奋进一流征程。

第二章 党政管理

第一节 党政机构的发展变迁

电子学科从1924年成立的物理学系和1940年由萨本栋校长在抗战烽火中创办的机电工程系共同发源而来，伴随着电子学科的发展壮大，学院党政机构也几经变迁。历经物理学系、数理系、机电工程系、电机工程系，再到物理学系复建、电子工程系成立、电子科学系成立、电磁声学研究院成立、微电子与集成电路系成立，直至电子科学与技术学院成立，电子学科不断拆分、整合、发展、演变，让学院更具有历史底蕴和发展韧劲。无论时代如何发展变化，学院始终坚持立德树人根本任务，为党育人、为国育才，主动扛起“培育芯人”的使命担当。学院的党政发展变迁如下：

1924年，物理学系成立，田渊添任代理系主任、主任。

1936年，物理学系与算学系合并为数理系，林觉世任数理系主任。

1940年，数理系下属于理工学院。

1940年，机电工程系成立，朱家炘任系主任。

1948年，电机工程系成立，寿俊良任电机工程系主任。

1948年，理工学院分设为理学院和工学院，数理系下属于理学院，电机工程系下属工学院。

1952年，随着全国院系调整，重新设立物理系，属于理学院，卢嘉锡兼任物理学系主任。

1953年9月，中共厦门大学物理学系支部成立，李岗任党支部书记。

1953年，工学院的机械工程系和电机工程系的电机组并入浙江大学，电机工程系的电信组并入南京工学院(现东南大学)。

1955年，建立电子物理专门组、半导体物理专门组。

1958年，建立半导体物理专门化、无线电专门化；同年，部分骨干教师被抽调往福州大学成立无线电物理系，物理系仅保留无线电专门组。

1958年，为支援福州大学，厦门大学重办工科，成立机械、电机、化工、矿冶、地质等5个系、科党支部。李岗任电机系负责人和中共厦门大学电机系支部书记。

1958 年，中共厦门大学物理学系支部改称中共厦门大学物理学系党总支部，林蒲田任党总支书记。

1959 年夏，无线电物理专业成立，并于当年招生。

1960 年 1 月，厦门大学电机系转入福州大学。

1969 年底，恢复成立了中共厦门大学物理学系支部，并成立革命领导小组，蒋江涵(革命领导小组副组长)任支部书记。

1973 年 10 月，中共厦门大学物理学系支部再次改为中共厦门大学物理学系党总支部，林蒲田任党总支书记。

1985 年 12 月，无线电物理专业中的电子线路和无线电两个教研室从物理系分出，成立电子工程系，属于技术科学学院，许克平任系副主任(主持工作)。12 月，建立中共厦门大学电子工程系支部，许宝瑞任书记。

1990 年 9 月，厦门大学技术科学学院改名为厦门大学工程技术学院，电子工程系隶属于厦门大学工程技术学院。

1994 年 4 月，厦门大学工程技术学院更名为厦门大学工学院。5 月，国家教委与厦门市政府签订共建协议，以原厦门大学工程技术学院为基础，共同建设厦门大学工学院，电子工程系转隶厦门大学工学院。

1999 年 6 月，厦门大学物理与机电工程学院成立，物理系属于物理与机电工程学院。

1999 年，物理系无线电物理专业改名为电子信息科学与技术专业。

1999 年 7 月，电子工程系、计算机科学系、自动化系组建计算机与信息工程学院，电子工程系属于计算机与信息工程学院。

2004 年 11 月，计算机与信息工程学院更名为信息科学与技术学院，从而电子工程系隶属于信息科学与技术学院。

2011 年 4 月，电子信息科学与技术专业从物理系中析出，成立电子科学系，属于物理与机电工程学院，柳清伙任电子科学系名誉主任，蔡淑惠任电子科学系副主任(主持工作)。5 月，建立中共厦门大学电子科学系支部，倪祖荣任支部书记。

2013 年 4 月，电磁声学研究院正式揭牌成立，柳清伙任电磁声学研究院名誉院长，研究院挂靠物理与机电工程学院。同年，成立中共厦门大学电磁场与半导体照明支部，刘颜回任支部书记。

2015 年 12 月，物理与机电工程学院更名为物理科学与技术学院，电子科学系和电磁声学研究院属于物理科学与技术学院。

2016 年 11 月，学校发文成立厦门大学电子科学与技术学院（微电子学院）。电子科学与技术学院、微电子学院实行“两块牌子、一套人马”管理体制。

2017 年 1 月，中共厦门大学电子科学与技术学院（微电子学院）委员会成立。

2017 年 6 月，学校第 18 次校长办公会决定，按照电子科学与技术一级学科整合电子科学与技术学院。此时，电子工程系、电子科学系、电磁声学研究院归属电子科学与技术学院。

2019 年 6 月，集成电路设计与集成系统专业从电子工程系析出，微电子科学与工程专业从物理系析出，共同成立微电子与集成电路系，属于电子科学与技术学院，于大全任系主任。同年，成立中共厦门大学微电子与集成电路系师生联合党支部，于大全任支部书记。

第二节　历任党政领导

一、行政主要负责人名单

物理学系（1924—1936 年）

系主任

田渊添	1926 年代理，1927 年起任
胡刚复	1927 年
朱志涤	1928 年起任
田渊添	1931 年代理，1933 年起任至 1936 年

数理学系（1936—1952 年）

系主任

林觉世	1936 年
萨本栋	1937 年至 1938 年，校长暂兼

谢玉铭	1939 年至 1942 年，理学院院长兼
周长宁	1942 年至 1945 年，代理
谢玉铭	1945 年秋至 1946 年春，教务长兼
陈世昌	1946 年至 1947 年
章元石	1947 年，请假
黄苍林	1947 年至 1948 年，理工学院院长兼
崔九卿	1948 年兼
黄启显	1949 年，未到校
古文捷	1949 年兼
王谟显	1949 年 10 月，未到校
罗炽才	1950 年 2 月代理
卢嘉锡	1950 年 7 月，暂兼
方德植	1950 年 9 月至 1952 年

机电工程学系(1940—1948 年)

系主任

朱家炘	1940 年至 1948 年

电机工程学系(1948—1953 年)

系主任

寿俊良	1948 年至 1953 年
李　岗	1958 年代理
朱楚华	1959 年代理

物理学系(1953—2011 年)

系主任

卢嘉锡	1952 年底至 1953 年初，暂兼
黄席棠	1953 年至 1957 年
卢嘉锡	1958 年 2 月至 8 月兼
何恩典	1958 年秋至 1970 年夏
蒋江涵	1970 年秋至 1978 年夏
吴伯僖	1978 年秋至 1984 年秋
黄启圣	1984 年至 1990 年

陈传鸿　　1990 年至 1995 年
黄美纯　　1995 年至 1997 年夏
陈金灿　　1997 年至 1999 年 7 月
吴正云　　1999 年 7 月至 2003 年 12 月(兼任)
吴晨旭　　2004 年 4 月至 2008 年 6 月
赵　鸿　　2008 年 6 月至 2013 年 2 月

副主任(1978 年后)

吕文选、陈悦、蒋江涵、陈彩生、黄献烈、郑建安、刘焕堂、黄美纯、陈金灿、赖虹凯、林国星、康俊勇、苏国珍、王辅明、李书平

电子工程系(1985 年至今)

系主任

许克平　　1985 年 12 月至 1987 年 4 月
陈彩生　　1990 年 5 月至 1999 年 7 月
许　茹　　1999 年 7 月至 2004 年 5 月
蔡志平　　2004 年 5 月至 2013 年 2 月
张保平　　2013 年 2 月至 2019 年 9 月
罗正钱　　2019 年 9 月至今

副主任

陈彩生(主持工作)　　1987 年 4 月至 1990 年 5 月
吕文秋　　1987 年 3 月至 1999 年 7 月
庄美辉　　1994 年 6 月至 1999 年 7 月
谢廷贵　　1999 年 7 月至 2004 年 5 月
黄云鹰　　2004 年 5 月至 2008 年 5 月
游佰强　　2008 年 5 月至 2013 年 2 月
张　丹　　2013 年 2 月至 2015 年 7 月
黄文财　　2013 年 2 月至 2019 年 9 月
李　琳　　2015 年 2 月至今
付宏燕　　2019 年 9 月至 2020 年 3 月
陈鹭剑　　2020 年 6 月至今

电子科学系(2011年至今)

系主任

柳清伙(名誉)	2011年6月至2019年9月
蔡淑惠	2019年9月至今

副主任

蔡淑惠(主持工作)	2011年6月至2016年9月
郑振耀	2011年6月至2016年9月
吕毅军	2019年9月至今
屈小波	2019年9月至今

电磁声学研究院(2013年至今)

院长

柳清伙	2013年10月至今

副院长

朱锦锋	2019年9月至今
陈焕阳	2019年9月至今

电子科学与技术学院(2016年至今)

院长

陈　忠	2019年12月至今

副院长

陈　忠(主持工作)	2017年9月至2019年12月
董　俊	2017年9月至今
张保平	2017年9月至今
蔡励元	2020年5月至今

微电子与集成电路系(2019年至今)

系主任

于大全	2019年9月至今

副主任

周剑扬	2019年9月至今
李　澄	2019年9月至今

二、党组织负责人名单

中共厦门大学物理学系支部(1953年—1999年6月)

中共厦大物理学系支部书记

李　岗　　1953年9月至1957年5月兼

林蒲田　　1957年5月至1958年

中共厦大物理学系支部副书记

李玉清　　1959年2月至1966年5月

吕文选　　1965年9月至1966年5月

林世玉　　1965年9月至1966年5月

"文革"期间(1966年5月—1976年10月)

迟建喜("文革"前期;军宣队)

谭先开("文革"前期;军宣队)

谭先开(革命领导小组;军宣队)

林建基(革命领导小组;工宣队)

林蒲田(党总支书记)

李玉清(1971年;革命领导小组)

谭先开(1972年;物理学系党总支书记;军宣队)

林蒲田(1973年;物理学系党总支书记)

李玉清(1966年5月至1969年2月;物理学系党总支副书记)

吕文选(1966年5月至1969年2月;物理学系党总支副书记)

林世玉(1966年5月至1969年2月;物理学系党总支副书记)

杨保田(1973年11月至1976年10月;物理学系党总支副书记)

王学文(1973年11月至1976年10月;物理学系党总支副书记)

吴在平(1974年9月;物理学系党总支副书记;工宣队)

中共厦大物理学系总支书记

林蒲田　　1977年至1978年5月

卞守耆　　1978年6月至1978年9月

林祖谋　　1978年(代理负责人)

林祖谋　　1980年1月至1984年11月

杨保田 1984 年 11 月至 1987 年 3 月

郑永梅 1987 年 3 月至 1999 年 6 月

中共厦大物理学系总支副书记

杨保田 1976 年 10 月至 1984 年 11 月

王学文 1976 年 10 月至 1980 年 12 月

刘瑞堂 1983 年 2 月至 1984 年 11 月

郑永梅 1984 年 11 月至 1987 年 3 月

刘　新 1987 年 3 月至 1990 年 5 月

施工中 1990 年 5 月至 1993 年 11 月

吴正云 1994 年 3 月至 1999 年 6 月

中共厦门大学电机系支部(1958—1959 年)

中共厦门大学电机系支部书记

李　岗 1958 年

朱楚华 1959 年

中共厦门大学电子工程系总支(1985—2002 年)

中共厦门大学电子工程系总支书记

许宝瑞 1985 年 12 月至 1993 年 1 月

吕文秋 1993 年 6 月至 1999 年 6 月

夏侯建兵 1999 年 7 月至 2002 年 2 月

中共厦门大学电子工程系总支副书记

谢廷贵 1992 年 6 月至 1999 年 7 月

中共电子科学与技术学院党委(2017 年至今)

学院党委书记

吴国瑛 2017 年 1 月至今

学院党委副书记

陈　忠 2019 年 5 月至今

方银水 2018 年 1 月至今

唐拥华 2018 年 1 月至 2020 年 5 月

郑　莉 2020 年 5 月至今

第三节 党的建设

学院党委自2017年成立以来,在校党委的正确领导下,深入学习贯彻习近平新时代中国特色社会主义思想和党的十九大精神,始终坚持党的全面领导,全面贯彻党的教育方针,切实履行好把方向、管大局、做决策、抓班子、带队伍、保落实的领导职责。坚持把立德树人作为根本任务,牢记为党育人初心,坚定为国育才立场,努力培养担当民族复兴大任的时代新人。坚持党建与事业发展深度融合,为"双一流"建设提供坚强的思想保证、政治保证、组织保证。坚持党建引领聚人心,构建群团共建新格局,凝练学院文化,营造和谐稳定环境,团结带领全院师生,真抓实干,开拓进取,推动学院各项事业不断取得新的发展。

一、发挥政治引领,提高站位筑牢思想根基

学院党委坚持用习近平新时代中国特色社会主义思想武装头脑,把思想建基、理论强基摆在突出位置,增强"四个意识"、坚定"四个自信"、做到"两个维护"。在政治上把方向、举旗帜,贯彻落实"四个服务"整体要求,在办学上深入贯彻落实党的教育方针,围绕立德树人根本任务,以社会主义核心价值观引领师生,大力培养德智体美劳全面发展的社会主义建设者和接班人,把握党建带团建、党风强学风、党员做表率三条主线,持续兴起"大学习"热潮。在战略上管大局、做决策,紧抓电子学科发展和人才培养的提速增效的重大机遇,乘势而上,顺势而为,为培养高层次紧缺人才、布局急需学科专业、攻克"卡脖子"关键核心技术等提供有力保障。在办学治院中,坚持民主集中制,落实"三重一大"制度,努力构建治理体系,提升治理能力,涉及学院人才培养、学科建设、人才引进、平台建设、评聘考核等重大事项,始终坚持正确的政治立场,旗帜鲜明地加强党的领导,充分发挥党委的政治引领作用。

张荣校长联系电子工程系 2017 级硕士生党支部，图为张荣校长 2018 年 11 月参加支部专题组织生活会

二、注重建章立制，规章制度建设不断完善

学院党委建立健全各项党建工作制度，完善党建工作责任制。制定出台《“三重一大”决策制度实施办法》，提高“三重一大”事项决策的民主性和科学性；制定出台《党委会议事规则》《党政联席会议事规则》等规章制度，确保各项工作协调运行，提高学院规范化管理水平。坚持教代会制度，强化学院民主政治建设。探索党支部书记抓党建工作述职评议考核机制和党支部“七个有力”、党员“四个合格”考核细则等一系列制度建设，出台《党委理论学习中心组学习制度》《“固定党日＋”制度实施办法》《“双周政治理论学习”制度实施方案》等制度，着力打牢党建工作基层基础基本功。

三、坚持固本强基，激发活力提升党建质量

学院党委履行全面从严治党主体责任，加强支部标准化规范化建设，全面激发基层组织活力，推动全面从严治党向基层延伸，全面提升党支部组织力、强化党支部政治功能和服务功能。大力推进教师党支部书记“双带头人”培育工程，

实现教师党支部书记“双带头人”全覆盖，着力把教师党支部书记队伍建设成为党建和业务双融合、双促进的中坚骨干力量。学院党委主动优化党支部设置，探索建设师生联合党支部，微电子与集成电路系师生联合党支部获批建设厦门大学“双带头人”党支部书记工作室。学院党委委员坚持落实“四联系”制度，联系教师、学生党支部，加强对党支部学习教育的组织领导和工作指导，不断夯实基层基础，推动师生支部建成坚强的战斗堡垒。强化党建创新，依托国家集成电路产教融合创新平台，成立平台班特色党支部，充分发挥产教融合的特色与优势，推动党建工作向企业延伸。学院电子工程系教工党支部、半导体照明实验室党支部获批建设福建高校样板党支部。

2018 年 4 月，学院“厦门大学半导体照明与显示创新团队”获评第十五届福建青年五四奖章集体标兵

四、围绕中心工作，凝聚人心推动学院发展

学院党委充分发挥党组织的政治优势、组织优势和密切联系群众的优势，充分把党员组织起来，把人才凝聚起来，集中力量办大事，服务学院发展大局，充分把握电子学科快速发展的重大机遇、学院建设目标和重点任务，以平台建设为主线，持续推动学院人才培养、科学研究和社会服务。在平台建设上，争取市校共建，与厦门市及海沧区签订合作协议，为平台新增共建经费 4000 万元；推进 3 个

分平台建设，落实建设场地约 5000 平方米，购置仪器设备 222 台。在人才培养上，探索产教融合育人，在全国率先推出集成电路企业台港澳籍技术骨干在职博士班项目，培养 7 名台籍在职博士；成立创新平台班，配备校企双导师，与行业龙头企业联培 30 名全日制专业硕士生。在科学研究上，把支部建在集成电路学科上，成立微电子与集成电路系师生联合党支部，瞄准国家重大需求难题开展攻关，突破多项“卡脖子”关键技术，开发出全球最先进的高性能半极性绿光 Micro-LED 器件，完成玻璃通孔集成技术、滤波器三维封装技术研发，研发北斗导航信号模拟源和导航接收机芯片等。在社会服务上，承办“国家集成电路平台建设会议”，来自 31 个政府部门、高校与其他企事业单位超过 110 人参会，获得国家发改委社会司欧晓理司长、教育部高教司吴岩司长等领导的好评；举办平台建设媒体开放日活动，特邀新华社、《人民日报》、央视财经频道等 14 家国内主流媒体代表走进平台，传播平台建设好声音。

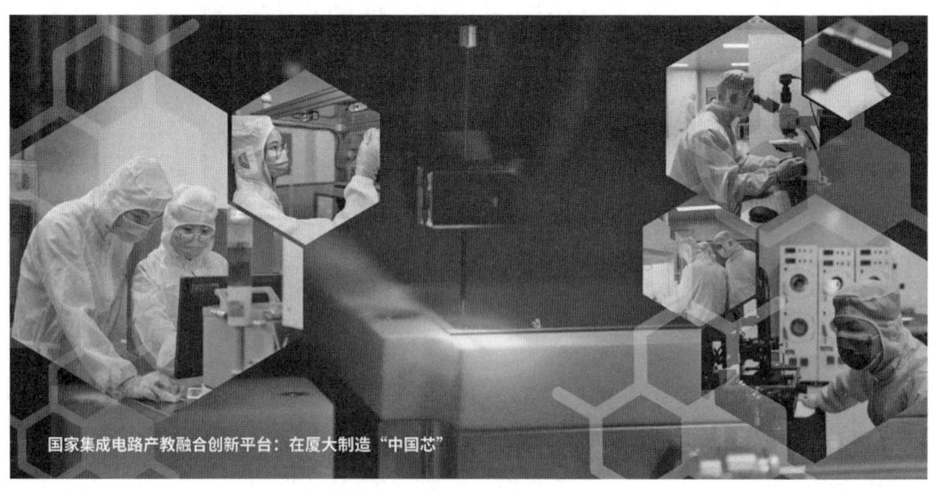

国家集成电路产教融合创新平台

五、发挥党建引领，努力开创群团工作新局面

坚持以党的基层组织建设带动学院工会、共青团、妇委会建设，构建“党建带群建，党群一体化”工作格局。深刻挖掘、提炼学院发展理念，凝练出“团结创新、包容共享、让电发光、聚光出彩”的学院文化，鼓起精气神，增强凝聚力，团结奋

进，汇聚发展正能量。工会、团委开展经常性的文体活动，例如团体羽毛球赛、趣味运动会、冬季送温暖活动等。重视退休工作和统一战线工作，召开离退休同志及民主党派人士座谈会，汇报新学院组建的背景、过程及未来的发展规划，同时诚恳地向老同志和民主党派人士征集意见与建议，支持学院发展。组织关工委老同志与赴西部、基层、国家重要行业就业毕业生座谈，勉励青年把人生目标、奋斗志向融入国家和民族的发展。组织开展春节送温暖活动，走访慰问离退休教师，为离退休教师送上春节的祝福和关怀。加强校友工作，设置校友联络员，定期走访企业界、学术界等的知名校友，热心帮助校友解决实际问题，征集校友对学校学院改革发展的意见和建议。2020 年，学院工会获福建省教科文卫体系统"模范职工小家"荣誉称号。

2020 年 6 月，学院举行关工委成立大会暨 2020 届毕业生赴西部、基层、国家重要行业就业出征仪式

2019 年 9 月，学院教职工参加厦门大学庆祝中华人民共和国成立 70 周年“我和我的祖国”主题合唱比赛

福建省教科文卫体工会工作委员会文件

闽教科文卫体工〔2020〕15号

关于表彰福建省教科文卫体系统
模范职工之家、模范职工小家的决定

各直属单位工会，有关单位工会：

近年来，全省教科文卫体系统各级工会组织坚持以习近平新时代中国特色社会主义思想为指导，构建联系广泛、服务职工的工会工作体系，开展多层次职工之家创建活动，建家工作取得了阶段性成效，涌现出一批先进集体。

为表彰先进、树立榜样，省教科文卫体工会工作委员会决定，授予福建江夏学院工会委员会等5家单位“模范职工之家”荣誉称号，厦门大学电子科学与技术学院分工会等42家单位“模范职工小家”荣誉称号。希望受表彰的集体珍惜荣誉、谦虚谨

2020 年，学院荣获福建省教科文卫体系统“模范职工小家”称号

第四节　学生思想政治工作

2016年，学院成立以来，学院学生工作以学习贯彻习近平新时代中国特色社会主义思想为主线，同“不忘初心，牢记使命”主题教育和迎接厦门大学百年校庆相结合，构建“三全育人”，坚持“五育并举”，把思想政治工作贯穿于每一个工作环节，以学生为本，主动贴近学生、贴近生活、贴近实际，切实为学生成长成才服务，推动学生素质全面发展。

2019年，学院“芯”青年代表队在学校“不忘初心，牢记使命”主题知识竞赛中夺得冠军

一、加强理想信念教育，夯实党团组织建设

学院坚持“立德树人”根本任务，不断创新工作思路，形成“学生思政工作线上线下并行，专项主题教育与常规理论学习并举，整体学生培养和骨干集中轮训并重”的工作格局。开展“读原著、学原文、悟原理”读书活动，确保理论学习有深度；组织《我和我的祖国》《开国大典》等红色观影活动，促进师生受红色精神洗礼；举办“青春心向党，建功新时代”五四师生合唱比赛，唱出爱国教育主旋律；邀请基层就业毕业生做“青年榜样”分享，弘扬干事创业敢担当精神；开展科技下乡、精准扶贫、义务支教等主题实践活动，号召为民服务解难题；依托学院党委党

校、团委团校、宣传骨干培训班对学生党团支部书记、支委进行集中轮训。学院“芯青年”代表队连续两年获得校“不忘初心，牢记使命”主题教育、“学四史”主题知识竞赛冠军。

二、发挥电子学科优势，科创竞赛勇创佳绩

学院积极培养学生科创兴趣，形成了“低年级培养兴趣，高年级着手科研，本硕博传帮带”的“三位一体”学生科创模式；学院结合教学实际，以“着重基础、培养前沿”为原则，不断增强学风建设，开设创新课程、举办学术讲座，用教学实力涵养学生科创能力；学院秉持“以赛促学”的科创工作思路，举办了“‘联迪商用杯’课外科技作品竞赛”“‘美亚柏科杯’电子设计竞赛”“‘亿联网络杯’嵌入式芯片与系统设计竞赛”等，不断加强科创竞赛战术指导，在国际级、国家级、省级竞赛中取得了出色的成绩。

三、弘扬志愿服务精神，加强实践育人功效

学院积极号召学生投身志愿服务，围绕社区服务、校园公益等开展活动，让志愿精神深入人心。在研究生复试、暑期夏令营、迎新、校运会、金鸡百花奖、光子与电磁学研究国际研讨会（PIERS）等志愿服务活动中，都有学院志愿者的身影，形成学生广泛参与的基本态势。学院开展“本科新生小导师”、“一站式”共享空间巡视、“厦夜踏星空”等特色志愿活动，受到师生的广泛好评。学院积极动员本研学生参加社会实践，组建学院“博士团”，涌现出“筑梦龙涓”“厦寻潭迹”等一批省级、校级的重点实践队，把青春书写在中国大地，用实践培养学生的家国情怀。

四、健全就业服务体系，不断提升就业质量

学院创新就业工作方式、方法，形成“学生—学院—企业”的三级就业服务体系，发挥学院学科的特色优势，为学生提供系统就业指导，与企业建立长期合作，持续推进学生的就业工作向好、向稳发展。不断拓宽就业渠道，通过主动走访、

联系企业，学院开展了“党组织共建与实习基地签约仪式”，与省内外20余家优质企业共建实习实训基地。通过开展模拟面试、经验分享、职业规划、就业帮扶等相关活动，促进学生早就业、稳就业、好就业。学院激发学生责任意识，呼吁学生担当作为，鼓励学生赴西部、基层、国家重要行业就业，将个人理想同国家和社会需求结合起来。

2018年，学院首次参加校运会，获得思明校区学生组团体总分第七名，并获得“体育道德风尚奖”

五、推动校园文化建设，促进学生全面发展

学院秉承“自强不息，止于至善”的校训，积极探索、主动谋划校园文化建设，通过开展丰富多彩的校园活动，营造出拼搏奋斗、乐观自信的文化氛围。学院举办以“青春心向党，建功新时代”为主题的师生合唱比赛，联办“青春相约，期待有你”八院联谊派对、“音海乐韵，浮梦逐星”海韵歌手赛、“相约九八，共庆华厦”主题校庆活动等，给学生创造了展现自我的舞台。学院组织学生参加厦门大学运动会、师生趣味运动会、环校长跑、定向越野、水运会、校“超级杯”篮球赛等活动，强壮学生体魄；学院积极推进网络文化建设，通过网文、视频、音频、漫画、H5等载体，创作了“红色主题漫画”“学习强国文创周边”“学院院徽”等系列作品，把社会主义先进文化的价值理念融入学生的网络生活与现实生活。

第三章 学科发展

学院自2016年成立以来,坚持以人才培养为核心,以学科建设为基础,以国家级重大科研平台为牵引,以"团结创新、包容共享"引领学科发展,以"让电发光,聚光出彩"凝练学科方向,服务国民经济主战场,致力于建设国际一流的电子科学与技术学科及集成电路教学与科研基地,为国家培养具有国际竞争力的高素质创新型电子信息人才。

第一节 学位授权点建设与发展

1981年,获批无线电物理、半导体物理与器件物理硕士点。

1984年,获批半导体物理与器件物理博士点。

2000年,获批电路与系统二级学科硕士点。

2003年,获批无线电物理二级学科博士点。

2006年,获批微电子学与固体电子学、电路与系统二级学科博士点,电子科学与技术、光学工程一级学科硕士点。

2008年,获批电子与通信工程专业型硕士点。

2010年,获批电子科学与技术一级学科博士点。

2014年,获批电子科学与技术一级学科博士后流动站。

2019年,光学工程一级学科硕士点调整,在电子科学与技术一级学科博士点下增设目录外二级学科光电工程。

第二节 专业设置

电子科学与技术学院开设有5个本科生专业,分别是电子信息工程、电子信息科学与技术、微电子科学与工程、集成电路设计与集成系统、电磁场与无线技术。其中,电子信息工程专业入选2019年国家级一流本科专业建设点;电子信息科学与技术专业入选2013年教育部卓越工程师教育培养计划、2019年福建省一流本科专业建设点;微电子科学与工程专业入选2007年福建省特色本科专业、2020年福建省一流本科专业建设点;集成电路设计与集成系统专业入选

2016年福建省特色本科专业。各专业培养目标如下：

电子信息工程专业：瞄准国家战略需求，立足海西区位和产业优势，依托国家集成电路产教融合创新平台，培养能综合应用所学的数学、自然科学知识以及电子信息基础理论和专业知识，并结合管理、经济等多学科知识，在电子信息相关行业中从事工程设计与开发、科学研究、管理等适应社会经济发展需要的工作，具有高度的社会责任感、良好的职业道德，具有国际化视野、跨文化交流与团队合作能力，具备创新理念和持续学习能力的研究与应用型专门人才，为国家培养德智体美劳全面发展的社会主义建设者和接班人。

电子信息科学与技术专业：以国家电子信息科学技术发展战略为依托，对标国家和产业对电子信息复合型人才的需求，旨在培养爱国进取、创新思辨、志存高远、德才并重、情理兼修、身心健康、德智体美劳全面发展的电子类卓越工程技术和管理人才。学生毕业后能在电子、信息、计算机、半导体及生物医学等领域从事科学研究、教学、工程设计与技术开发、产品设计或管理等工作，具有良好国际视野、跨文化交流与团队合作能力，具备创新理念和持续学习能力。

微电子科学与工程专业：瞄准国家战略需求，面向区域和产业发展需要，依托国家集成电路产教融合创新平台，培养基础扎实、知识面宽、能力强、专业特长突出的微电子科学与工程专业高级技术人才。毕业生应掌握半导体基本理论、微电子器件基本原理、集成电路设计与制造技术，具备相关交叉学科基本知识，具有高度的社会责任感、良好的职业道德，具有国际化视野、跨文化交流与团队合作能力，具备创新理念和持续学习能力，成为研究与应用型高级人才、德智体美劳全面发展的社会主义建设者和接班人。

集成电路设计与集成系统专业：瞄准国家战略需求，立足东南沿海区位和产业优势，依托国家集成电路产教融合创新平台，培养掌握集成电路基本理论、集成电路设计基本技能与软硬件工具使用方法，熟悉计算机、信号与信息处理、通信等相关系统知识，具备设计、开发、应用集成电路、电子设备和信息系统的能力，具有高度的社会责任感、良好的职业道德，具有国际化视野、跨文化交流与团队合作能力，具备创新理念和持续学习能力的研究与应用型高级人才，为国家培养德智体美劳全面发展的社会主义建设者和接班人。

电磁场与无线技术专业：旨在培养具备电磁场理论、微波技术、电子信息等方面的专业知识和实践技能，能在通信、信息及电子等领域中从事微波、射频与天线方面的科学研究、系统设计及技术管理等工作的复合型新工科专业人才。学生毕业后能在移动通信技术5G/6G、电磁场科学、无线电技术、计算机科学与技术等领域的企业、事业以及行政管理部门从事科学研究、教学、技术开发、产品设计或管理等工作，也可以进一步攻读国内外本专业或相关专业的硕博士学位。

第三节　科研平台及科研队伍

一、科研平台

学院高度重视科研平台建设，整合优质科研资源，充分发挥科研平台在学科建设、人才培养、科学研究等方面的支撑与引领作用，切实提升服务地方经济社会发展能力。2019年5月，获批国家集成电路产教融合创新平台，该平台将针对我国集成电路发展中的关键“卡脖子”难题，深入研发新一代节点集成电路共性技术，涵盖芯片设计、EDA工具、器件工艺与芯片封装等方向，着力推进东南沿海集成电路产业发展。

目前学院科研平台主要有：国家集成电路产教融合创新平台、微纳光电子材料与器件教育部工程研究中心、福建省等离子体与磁共振研究重点实验室、福建省半导体照明工程技术研究中心、福建省集成电路设计工程技术研究中心、福建省电子设计自动化工程研究中心、福建省LED照明与显示行业技术开发基地、福建省光电照明与显示企业服务型制造公共服务平台、集成电路设计与测试分析福建省高校重点实验室、电磁波科学与探测技术福建省高校重点实验室、厦门市面向集成电路的多物理计算重点实验室等(见表3-1)。

表 3-1 学院科研平台一览表

名称	负责人	类别	批准时间	主管部门	简介
国家集成电路产教融合创新平台	张荣	国家级产教融合创新平台	2019 年 5 月	教育部、国家发改委	教育部 2019 年 5 月份发文批复同意厦门大学建设“国家集成电路产教融合创新平台”，项目总经费 2.02 亿元，建设周期 3 年。 平台将以电子科学与技术学院（国家示范性微电子学院）为建设主体，联合国内相关龙头企业、区域集成电路产业园区和其他高校，秉承共建共享理念，通过“企业化管理，项目化运作”新模式，打造区域共享型跨学科国家集成电路产教融合创新平台。平台将针对我国集成电路发展中的关键“卡脖子”难题，着力突破第三代半导体等集成电路前沿核心技术，带动集成电路产业与人才聚集，为福建省及至东南沿海半导体集成电路产业发展提供人才和技术支撑。
微纳光电子材料与器件教育部工程研究中心	康俊勇	部级工程研究中心	2007 年 10 月	教育部	微纳光电子材料与器件教育部工程研究中心筹建于 2007 年 10 月。中心瞄准国际微纳光电子材料与器件研究领域的热点和重点问题，结合国家光电子产业发展的需要，特别是围绕光电子产业链所遇到的科学和技术难题，发挥厦门大学的学科优势，建成微纳光电子材料与器件领域一流的多学科交叉的研发实体、高级专门人才的培养平台、我国东南沿海地区微纳光电子材料与器件新技术和新产品的研发基地、国家半导体照明产业化基地的研发中心，力争成为国家级的微纳光电子材料与器件工程研究中心。

续表

名称	负责人	类别	批准时间	主管部门	简介
福建省等离子体与磁共振研究重点实验室	陈忠	省级重点实验室	2008年11月	福建省科技厅	2008年11月，福建省等离子体与磁共振研究重点实验室获福建省科技厅批准建设，2011年12月通过专家验收，正式挂牌成立。 实验室重点围绕磁共振波谱与成像新技术新方法及其在生命科学领域的应用、图像信号重建与人工智能、科学仪器研制与光电检测技术、等离子体材料性能表征及应用等方向开展研究，打造产教研一体、跨学科交叉融合的高水平开放性研究平台。目前，实验室已建成一支具有国际影响力和自主创新能力的研究团队。
福建省半导体照明工程技术研究中心	陈忠	省级工程技术研究中心	2009年7月	福建省科技厅	福建省半导体照明工程技术研究中心2006年12月获福建省科技厅批复建设，于2009年顺利通过福建省科技厅的验收，在之后的运行中均以高分通过福建省科技厅组织的评估；为2013年厦门获评科技部全国半导体照明领域优秀基地做出了重要贡献；2014至2016年连续3年获得福建省科技进步奖。中心引进了一批国际先进水平的LED检测仪器，具备了LED材料、器件、模块、应用产品等方面的综合检测能力，测试结果能与国内、国际先进检测中心的测试结果比对验证，检测能力取得国家认证认可监督管理委员会的检测计量认证资质，具备为用户提供LED材料、器件、模块及部分应用产品的认证检测能力。
福建省集成电路设计工程技术研究中心	郭东辉	省级工程技术研究中心	2002年9月	福建省科技厅	福建省集成电路设计工程技术研究中心长期围绕集成电路设计、人工智能等新技术和新方法开展基础与应用研究。目前主要致力于集成电路芯片设计、算法理论研究和器件工艺开发。工程中心团队是厦门市集成电路设计公共服务平台的技术支撑团队，也是国家集成电路产教融合创新平台的核心建设力量，同时还是泉州晋华和厦门联芯的主要合作团队。

续表

名称	负责人	类别	批准时间	主管部门	简介
福建省电子设计自动化工程研究中心	陈焕阳	省级工程研究中心	2019 年 12 月	福建省发改委	福建省电子设计自动化工程研究中心 2019 年 12 月获福建省发改委批准建设，中心以电子科学与技术学院(国家示范性微电子学院)为主体，依托厦门大学国家集成电路产教融合创新平台，解决我国集成电路发展中 EDA 工具关键技术“卡脖子”的难题，开发具有自主知识产权的场仿真 EDA 工具。中心将以基础研究应用研究—中试—产业化的完整产业链技术体系为主要目标，重点进行集成电路场仿真中 4 个方面技术的研究与推广：(1)集成电路多物理场 EDA 工具；(2)高频集成电路信号/电源完整性及电磁兼容 EDA 工具；(3)光刻(极紫外 EUV，深紫外 DUV)电磁校正 EDA 工具；(4)5G 阵列天线 EDA 工具。
福建省 LED 照明与显示行业技术开发基地	陈忠	省级行业技术开发基地	2015 年 8 月	福建省经信委、科技厅、教育厅、财政厅	福建省 LED 照明与显示行业技术开发基地于 2015 年 8 月获批，在 LED 照明与显示领域具备深厚的技术底蕴，拥有价值约 1.5 亿元的国际领先的光电和电子领域设备，具有完备的覆盖 LED 上、中、下游产业链的测试与研发能力。基地拥有福建省乃至国内一流的科研技术团队，数十位光电领域的顶尖人才齐心协力，共同推进我省 LED 照明与显示行业在科研、人才和产业化等方面的发展。2017 和 2018 年连续两年获得福建省科技进步奖(其中一项二等、两项三等)。2018 年获得第十五届福建青年五四奖章集体标兵。

续表

名称	负责人	类别	批准时间	主管部门	简介
福建省光电照明与显示企业服务型制造公共服务平台	陈忠	省级公共服务平台	2017 年 12 月	福建省经信委	福建省光电照明与显示企业服务型制造公共服务平台于 2017 年 12 月获批。近几年所服务的企业数量达到 18 个,其中包括厦门强力巨彩光电科技有限公司、厦门华联电子股份有限公司、厦门立达信绿色照明有限公司、厦门多彩光电子科技有限公司等。平台在新兴的光电照明与显示材料和应用热门领域,比如 mini/micro-LED、钙钛矿量子点、智能健康照明、光电照明与显示器件的显微高光谱检测等领域开展相关研究,以推动行业发展。2018 年获评中国轻工业联合会科学技术奖一等奖。
集成电路设计与测试分析福建省高校重点实验室	李晓潮	省级重点实验室	2006 年 4 月	福建省教育厅	集成电路设计与测试分析福建省高校重点实验室已培养集成电路与集成系统、微电子专业的本科生、硕士/博士研究生近 1000 人,并取得了一批优秀的科研成果,成为厦门市及周边地区集成电路领域产学研合作的重要基地。 近年来,实验室已经和多家企业建立联合实验室和创新实践平台,为企业提供芯片测试和验证服务,积极为福厦泉集成电路发展提供技术咨询和产业分析报告服务,开展集成电路相关课程的建设和服务。实验室研究领域涵盖芯片设计、特色工艺和先进封测等方面,为福建省,尤其厦门市半导体集成电路产业发展提供人才和技术支撑。

续表

名称	负责人	类别	批准时间	主管部门	简介
电磁波科学与探测技术福建省高校重点实验室	柳清伙	省级重点实验室	2015 年 12 月	福建省教育厅	电磁波科学与探测技术福建省高校重点实验室主要专注于天线与微波电磁技术应用、微纳电磁超材料研究，电磁成像与探测工程实践，以及基于电磁探测方法的生物系统动力学行为等研究。研究团队着眼于本省在微波技术产业、海洋资源勘探等方面的新需求，开发与本省的经济发展息息相关的新技术，为我省的产业升级与更新换代提供从人才培养、技术创新到行业规划的保障。重点实验室面积近 2000 平方米，包括天线与微波实验室（含大型微波暗室）、生物电磁实验室、微纳电磁实验室和电磁探测与成像实验室 4 个专业实验室以及一个高性能计算集群机房。
厦门市面向集成电路的多物理计算重点实验室	柳清伙	市级重点实验室	2017 年 9 月	厦门市科技局	厦门市面向集成电路的多物理场计算重点实验室将针对我国集成电路仿真工具中关键技术“卡脖子”的难题，开展高频集成电路多物理场快速计算、高精度光刻电磁仿真、微波电路设计、5G 毫米波天线设计、微纳结构传感器设计等领域的研究，总体目标是构建快速高效的集成电路仿真工具、培养专业型集成电路人才以及为集成电路企业提供技术支持。目前重点实验室与华为科技、厦门凌阳、上海莱天等十几个企业进行技术合作。

二、科研队伍

学院始终把建设具有国内先进水平和国际影响的电子科学与技术领域高层次人才的培养与凝聚基地作为发展的重要目标之一。通过国家重大需求牵引，多学科交叉渗透，内部挖潜和人才引进，建设了一支实力雄厚、富有朝气、奋斗拼搏、团结协作的研究队伍。高层次人才如下：

外籍院士：萨支唐。

国务院特殊津贴专家：张荣、陈忠、董俊。

国务院学位委员会学科评议组成员：张荣。

国家“百千万人才工程”入选者：张荣、董俊。

国家杰出青年科学基金获得者：张荣。

国家“万人计划”科技创新领军人才：张荣。

国家优秀青年科学基金获得者：陈焕阳、罗正钱。

教育部新世纪优秀人才培养计划入选者：陈忠、董俊、蔡淑惠、郭东辉。

福建省特级后备人才：张荣。

“闽江学者”特聘教授：陈忠、张保平、陈焕阳、林佼、于大全、杨伟锋。

福建省百千万人才工程入选者：陈忠、蔡志平。

福建省“双百计划”人才：陈忠、董俊、蔡淑惠、罗正钱。

福建省杰出青年基金获得者：罗正钱、屈小波、朱锦锋。

福建省高校新世纪优秀人才支持计划入选者：黄文财、冯江华、罗正钱、陈鹭剑。

厦门大学南强青年拔尖人才A类人才：陈焕阳、林佼、罗正钱。

厦门大学南强青年拔尖人才B类人才：罗正钱、李澄、屈小波、王忻昌、陈锦辉、陈林。

学院重视高水平科研团队建设，进一步整合资源，凝练方向，汇聚人才，充分发挥科研特色和优势，着力培育国家级标志性成果。学院主要科研团队如表3-2所示。

表3-2　学院主要科研团队

团队名称	团队带头人	成员	研究方向
半导体照明团队	陈忠 吕毅军	高玉琳、林岳、吴挺竹、郭伟杰、郭自泉、陈国龙、朱丽虹、郑振耀、廖新勤、苏毓涵、王树立等	半导体照明中的光学、电学、热学、色度学检测技术，GaN基LED器件的量子效率和光源的老化问题，检测仪器的研制开发、智能照明等
磁共振团队	陈忠 蔡淑惠	蔡聪波、包立君、林雁勤、林玉兰、崔晓红、陈志伟、黄玉清、孙惠军、曹烁晖、杨钰、冯江华、董继扬、沈桂平、陈林、王忻昌、许晶晶等	磁共振波谱与成像技术，磁共振信号处理与图像重建，磁共振技术在化学和医学等领域的应用，智能辅助诊断

续表

团队名称	团队带头人	成员	研究方向
计算感知团队	屈小波	包立君、杨钰、王新、孙振宁等	信号采样、图像表示、人工智能、计算调和分析、磁共振成像与波谱、医学成像与图像分析、医疗大数据与云计算、高性能芯片算法设计
光纤激光技术与应用团队	罗正钱	董小鹏、黄文财、付宏燕、卜铁坤、程辉辉、董志鹏、陈楠等	光纤皮秒/飞秒激光、单频超窄线宽光纤激光、高功率光纤激光、光纤激光放大、光纤传感、硫系集成光子器件等技术，以及上述器件和设备在加工、通讯、传感、雷达等领域的应用
新型固体/液晶激光团队	蔡志平 董俊	陈鹭剑、许惠英、徐斌、贾富强、王晓忠、车凯军、李文松、李森森、黄朝红等	固体激光技术、微片激光技术、光场调控、液晶光子、微流控技术的研究与应用
智能语音与天线技术团队	施芝元	李琳、游佰强、李伟文、吴晓芳、齐洁等	智能语音处理、天线技术、微波与光通信器件等方面的研究与应用
微纳光电子研究团队	张保平	应磊莹、张丹、龙浩、郑志威等	致力于以GaN为代表的宽禁带半导体材料与发光器件（二极管、激光器）、光波导传感与光放大器件、氧化物薄膜晶体管、钙钛矿材料与器件等方面的研究工作
先进封装与微系统集成团队	于大全	程其进、钟毅、林伟毅、许荣彬等	微系统集成、三维封装、薄膜器件、无源器件和异构集成技术等方面
类脑神经网络与智能芯片设计创新团队	郭东辉	施芝元、周剑扬、廖英豪、王云峰、李琳、吴晓芳、侯芳、郭杰锋、贺珊等	人工智能、网络、集成电路设计、纳米单电子器件等方面
电磁波与集成技术团队	柳清伙	张淼、刘娜、朱春辉、肖理业、张垚、庄明伟、陈珂、赖坤中、章幼玉、卓建亮、熊柳静等	覆盖电磁探测、计算电磁学、多物理场计算及EDA技术，微波/毫米波/太赫兹射频无源器件研究，封装天线与片上天线技术，智能信号处理与阵列天线技术，5G/6G/无人驾驶等领域的应用研究

续表

团队名称	团队带头人	成员	研究方向
智能微纳传感与探测团队	朱锦锋	陈锦辉、叶龙芳、宋争勇、蔡国雄、刘益能、庄明伟、章幼玉等	涵盖微波—太赫兹—红外—可见光—紫外波段的电磁超构材料前沿理论及实验技术，包括微纳光电器件设计开发、等离激元光学生物传感器、太赫兹波传感探测、人工智能微纳电磁逆设计、微流芯片与医工交叉集成应用系统、微波器件集成设计及工艺技术
超材料研究团队	陈焕阳	朱锦锋、陈强、叶龙芳、蔡国雄等	超材料的理论研究和实验设计，覆盖从微波—太赫兹—红外—可见光—紫外的全波段，以及探索声/弹性波和表面水波的拓展，并开展基于等离子体等的基元设计

第四节 对外合作交流

学院始终坚持“走出去、引进来”的国际化办学方向与高水平学术交流发展战略，不断打造优化高层次学术交流平台，积极与国内外顶尖高校与研究机构开展交流合作。邀请众多国内外顶尖学者来院讲学交流，举办高水平、具有国内外高度影响力的学术会议，进一步提升学院国际学术影响力及国际化办学水平。

一、大型学术会议

学院历年主办或承办的大型学术会议如下：

（一）华东地区高校电子线路课程教学研究会第三十二届年会

2017年10月，学院成功承办华东地区高校电子线路课程教学研究会第三十二届年会，35所高校共130余名教师及1家出版社和6家仪器设备厂商的代表出席了研讨会，年会围绕“‘新工科’背景下电子线路课程理论与实践教学改革”等议题展开讨论。

(二)第二届显示技术与计量测试研讨会

2017年11月14—16日,由中国计量测试学会、国防科技工业光电子一级计量站、国家平板显示产业计量测试中心(厦门、苏州)主办,厦门大学、厦门市计量检定测试院、福建省LED照明与显示行业技术开发基地承办。研讨会以“未来显示技术与计量测试的机遇和挑战”为主题,围绕显示产业亟待解决的问题和未来发展方向,从“政、产、学、研”各方面对显示行业全产业链展开热烈讨论。近100位来自国内外高校、研究所等机构显示技术和计量测试领域的知名专家学者,以及相关政府部门业务负责人、企业代表齐聚厦门大学,共话显示技术与计量测试的理论、技术与实践,促进相互合作。大会期间,成立了“显示产业计量测试技术联盟”,为广大专家和学者在显示技术与计量测试领域的交流提供了良好的后续平台。

(三)“强约束集成微系统物理与技术”全国研讨会

2017年12月,由电子科学与技术学院、信息科学与技术学院共同主办的“强约束集成微系统物理与技术”全国研讨会在厦门成功召开。会议研讨了强约束集成微系统这一技术的内涵和科学问题,讨论和交流了最新进展和技术难题,对促进国内团队的深度合作、推动强约束集成微系统技术的整体进步与应用起到了积极作用。

(四)ASID(防伪、安全与识别)会议

由电子科学与技术学院现代电路与系统技术研究所组织发起的IEEE国际学术会议,每年承办一届,且每一届均邀请国内外著名微电子专家为大会报告专家。该会议已先后在厦门、贵阳、香港、澳门、成都等地召开了十三届。由于会议组织的良好表现和会议质量的有效保证,特别是在会议论文集发表的文章全部被EI(The Engineering Index,工程索引)收录检索,ASID会议已得到国际IEEE学会的极大认可,成为IEEE学会的系列年度学术会议之一。

(五)第四十二届光子与电磁学研究国际研讨会

2019年12月16—20日,学院承办“第四十二届光子与电磁学研究国际研讨会”国际会议(英文简称为The 42th PIERS),该会议属于光子与电磁学领域著名国际学术会议。“光子与电磁学研究国际研讨会”由美国电磁学研究院在1989年发起主办,每年在世界各地轮流举行,是光子学、电磁学、微波工程、天线技术等相关领域里最重要的学术会议之一,在国际学术界和工业界有很大的影响力。该领域是信息科学与技术的核心组成部分,涉及现代通信、雷达导航、电子设备安全、太空探测、地球物理勘探、医学成像等应用领域,对国民经济和社会发展、国防安全有着举足轻重的作用。本次会议规模为 1500 人,其中境外专家学者约 500 人。

(六)中国科学院学部"高端电子制造电子电镀"科学与技术前沿论坛

2020 年 12 月,中国科学院学部"高端电子制造电子电镀"科学与技术前沿论坛在厦门举办。论坛由中国科学院学部主办,中国科学院化学部、厦门大学、上海电力大学、上海交通大学、中国化学会电化学专业委员会、中国电子会电子电镀专业委员会承办,厦门大学化学化工学院、厦门大学电子科学与技术学院等单位共同协办,有 100 余名学术界和产业界的专家学者共同参加。

二、社会服务

学院始终秉承"顶天立地、争创一流"的发展理念,坚持基础研究与应用研究并重的发展思路,瞄准国家重大科研需求,全面对接福建地区战略性新兴产业的发展,与地区集成电路企业开展密切合作。学院以建设国家集成电路产教融合创新平台为契机,继续拓展合作范围,加强集成电路等"卡脖子"技术领域的人才培养和技术研发,服务地方经济发展。

学院自 2016 年成立以来,共有教职工 8 人挂职借调,与各地企事业单位签署横向合同 171 个,合同总经费 3527 万元,合同经费逾百万项目 7 个,专利转让(许可)7 个。

第四章 教学成果

学院自2016年成立以来，坚持以人为本，持续深化一流专业内涵建设，积极开展一流本科课程建设，推进“新工科”背景下的教学实践和探索，打造高质量“金课”、教学改革项目和教学成果，推动教师创新教学理念，不断提升教学能力和水平。学院瞄准国家战略需求，主动适应建设中国特色世界一流大学的要求，构建“交叉融通”的电子信息大类培养模式。

第一节　课程体系

一、培养目标

电子信息工程专业：瞄准国家战略需求，立足海西区位和产业优势，依托国家集成电路产教融合创新平台，培养能综合应用所学的数学、自然科学知识以及电子信息基础理论和专业知识，并结合管理、经济等多学科知识，在电子信息相关行业中从事工程设计与开发、科学研究、管理等适应社会经济发展需要的工作，具有高度的社会责任感、良好的职业道德，具有国际化视野、跨文化交流与团队合作能力，具备创新理念和持续学习能力的研究与应用型专门人才，为国家培养德智体美劳全面发展的社会主义建设者和接班人。

集成电路设计与集成系统专业：瞄准国家战略需求，立足东南沿海区位和产业优势，依托国家集成电路产教融合创新平台，培养掌握集成电路基本理论、集成电路设计基本技能与软硬件工具使用方法，熟悉计算机、信号与信息处理、通信等相关系统知识，具备设计、开发、应用集成电路、电子设备和信息系统的能力，具有高度的社会责任感、良好的职业道德，具有国际化视野、跨文化交流与团队合作能力，具备创新理念和持续学习能力的研究与应用型高级人才，为国家培养德智体美劳全面发展的社会主义建设者和接班人。

微电子科学与工程专业：瞄准国家战略需求，面向区域和产业发展需要，依托国家集成电路产教融合创新平台，培养基础扎实、知识面宽、能力强、专业特长突出的微电子科学与工程专业高级技术人才。毕业生应掌握半导体基本理论、微电子器件基本原理、集成电路设计与制造技术，具备相关交叉学科基本知识，具有高度的社会责任感、良好的职业道德，具有国际化视野、跨文化交流与团队合作能力，具备创新理念和持续学习能力，成为研究与应用型高级人才、德智体美劳全面发展的社会主义建设者和接班人。

电子信息科学与技术专业：以国家电子信息科学技术发展战略为依托，对标国家和产业对电子信息复合型人才的需求，旨在培养爱国进取、创新思辨、志存高远、德才并重、情理兼修、身心健康、德智体美劳全面发展的电子类卓越工程技术和管理人才。学生毕业后能在电子、信息、计算机、半导体及生物医学等领域从事科学研究、教学、工程设计与技术开发、产品设计或管理等工作，具有良好的国际视野、跨文化交流与团队合作能力，具备创新理念和持续学习能力。

电磁场与无线技术专业：旨在培养具备电磁场理论、微波技术、电子信息等方面的专业知识和实践技能，能在通信、信息及电子等领域中从事微波、射频与天线方面的科学研究、系统设计及技术管理等工作的复合型新工科专业人才。学生毕业后能在移动通信技术5G/6G、电磁场科学、无线电技术、计算机科学与技术等领域的企业、事业以及行政管理部门从事科学研究、教学、技术开发、产品设计或管理等工作，也可以进一步攻读国内外本专业或相关专业的硕博士学位。

二、各专业毕业要求及各专业课程与毕业要求对应关系表

1.电子信息工程专业

毕业要求：电子信息工程专业培养的毕业生应掌握电子信息工程专业必要的基本理论、基本知识和工程基础知识；掌握电子信息相关系统与设备的分析、实验、科技开发与工程设计的基本方法；具有对电子信息相关技术、系统与设备进行分析、研究、开发和设计的初步能力；完成电子技术、计算机应用、科学研究与工程设计方法的基本训练；有深造潜力，可进一步攻读本专业及相关专业的研究生学位。

围绕电子信息专业人才培养目标，毕业生应符合以下12方面要求：

(1)工程知识：掌握从事电子信息领域工作所需要的数学、自然科学、工程基础和专业知识，具有运用这些知识解决电子信息领域复杂工程问题的能力。

(2)问题分析：应用数学、自然科学和电子信息基本原理，识别、表达，并通过文献研究分析电子信息领域的复杂工程问题，以获得有效结论。

(3)设计/开发解决方案：掌握电子信息领域系统设计、技术开发及工程应用的基本方法，针对电子信息领域的复杂工程问题能够提出相应的解决方案，设计

出满足特定需要的电子器件、电路和系统，同时体现创新意识，并考虑社会、健康、安全、法律、文化以及环境等因素。

(4)研究：能够基于科学原理并采用科学方法对电子信息领域的复杂工程问题进行研究，包括设计实验、分析与解释数据，并通过信息综合得到合理有效的结论。

(5)使用现代工具：能够针对电子信息领域的复杂工程问题及其预测与模拟，开发、选择与使用恰当的技术、资源、现代工程工具和信息技术工具，并能理解局限性。

(6)工程与社会：能够基于电子信息领域工程的相关背景知识进行合理分析，评价电子信息领域专业工程实践和复杂工程问题解决方案对社会、健康、安全、法律以及文化的影响，并理解应承担的责任。

(7)环境和可持续发展：能够理解和评价针对电子信息领域复杂工程问题的工程实践对环境、社会可持续发展的影响。

(8)职业规范：具有良好的人文社科知识和人文素质，以及较强的社会交往能力，能够在电子信息领域工程实践中理解并遵守工程职业道德和规范，履行职责。

(9)个人和团队：具有一定的组织、管理、协调和合作能力，能够在多学科背景下的团队中承担个体、团队成员以及负责人的角色。

(10)沟通：具有良好的沟通能力，能够就电子信息领域工程问题与业界同行及社会公众进行有效沟通和交流，包括撰写报告和设计文稿、陈述发言、清晰表达或回应指令，并具备一定的国际视野，能够在跨文化背景下进行沟通和交流。

(11)项目管理：理解并掌握电子信息领域工程管理与经济决策方法，并能在多学科环境中应用。

(12)终身学习：具有自主学习和终身学习的意识，有不断学习和适应发展的能力。

课程与上述毕业要求对应关系见表4-1。

表4-1　电子信息工程专业课程与毕业要求的对应关系矩阵

课程名称	本专业毕业要求											
	1	2	3	4	5	6	7	8	9	10	11	12
大学英语										●		●

续表

课程名称	本专业毕业要求											
	1	2	3	4	5	6	7	8	9	10	11	12
体育系列课程									●			●
思想道德修养与法律基础						●	●					●
形势与政策							●	●				
计算机应用基础	●	●			●							
C语言程序设计基础	●				●							
中国近现代史纲要							●					●
军事理论								●				
毛泽东思想和中国特色社会主义理论体系概论							●					●
当代世界经济与政治						●	●				●	
马克思主义基本原理概论								●			●	●
大学语文										●		●
新生研讨课								●		●	●	
大学生心理健康									●			
微积分Ⅰ-1	●											
微积分Ⅰ-2	●											
机械制图	●	●										
大学物理A(上)	●											
大学物理A(下)	●											
大学物理实验				●								
电路分析	●	●										
电工实验(B)			●	●	●							
线性代数Ⅰ	●	●										
数学物理方法	●	●										
概率统计Ⅱ	●	●										
电子线路Ⅰ	●	●										
电子线路Ⅱ	●											
数字电子技术基础	●	●										

续表

课程名称	本专业毕业要求											
	1	2	3	4	5	6	7	8	9	10	11	12
电子线路实验(上)				●	●							
电子线路实验(下)			●	●								
电磁场与电磁波	●	●										
信号与系统	●	●										
信号与系统实验		●		●								
电路 Spice 仿真与 PCB 设计			●	●	●							
EDA 技术			●		●							
半导体物理与器件工艺基础						●		●				
微机原理与实验	●			●	●							
嵌入式系统与实验				●	●			●				
集成电路版图设计			●		●	●						
数字信号处理	●	●	●									
数字信号处理实验		●		●	●							
电子线路课程设计					●				●		●	
人工智能导论						●	●				●	
应用光学	●											
物理光学	●											
光电专业实验				●				●	●			
激光原理与技术	●					●						
光电子技术	●					●						
光电显示	●											
光纤通信系统	●					●						
军事技能									●			
电子实践基本技能训练			●	●					●			
社会实践						●	●	●				
程序设计实践					●				●			
机械制造实训(1)			●		●	●		●				
电气技能实践训练 B 类					●	●		●				

续表

课程名称	本专业毕业要求											
	1	2	3	4	5	6	7	8	9	10	11	12
电子设计与工艺实训 A			●	●	●	●						
创新实践			●						●			
企业实习								●	●		●	
创新课题实践			●						●	●	●	
毕业论文(设计)			●							●		●

2.集成电路设计与集成系统专业

毕业要求:培养的毕业生应能系统地掌握电子信息、集成电路相关的基础理论和方法,具有半导体器件物理、数字/模拟集成电路设计、嵌入式系统等专业知识,了解学科前沿和技术发展趋势。此外,毕业生应具备发现与分析问题、设计与测试解决方案、文献检索、计算机应用以及外语应用等基本能力。

围绕集成电路设计与集成系统专业人才培养目标,毕业生应符合以下 12 方面要求:

(1)工程知识:掌握从事集成电路设计与集成系统领域工作所需要的数学、自然科学、工程基础和专业知识,具有运用这些知识解决集成电路设计与集成系统领域复杂工程问题的能力。

(2)问题分析:应用数学、自然科学和集成电路设计基本理论,识别、表达,并通过文献研究分析集成电路设计领域的复杂工程问题,以获得有效结论。

(3)设计/开发解决方案:掌握集成电路领域系统设计、技术开发及工程应用的基本方法,针对集成电路领域的复杂工程问题能够提出相应的解决方案,设计出满足特定指标的芯片和系统,同时体现创新意识,并考虑社会、健康、安全、法律、文化以及环境等因素。

(4)研究:能够基于科学原理并采用科学方法对集成电路设计领域的复杂工程问题进行研究,包括电路设计、验证与测试分析,并通过信息综合得到合理有效的结论。

(5)使用现代工具:能够针对集成电路领域的复杂工程问题及其预测与模拟,开发、选择与使用恰当的技术、资源、现代工程工具和信息技术工具,并能理解局限性。

(6)工程与社会:能够基于集成电路领域工程的相关背景知识进行合理分

析，评价集成电路领域专业工程实践和复杂工程问题解决方案对社会、健康、安全、法律以及文化的影响，并理解应承担的责任。

(7)环境和可持续发展：能够理解和评价针对集成电路领域复杂工程问题的工程实践对环境、社会可持续发展的影响。

(8)职业规范：具有良好的人文社科知识和人文素质，以及较强的社会交往能力，能够在集成电路领域工程实践中理解并遵守工程职业道德和规范，履行职责。

(9)个人和团队：具有一定的组织、管理、协调和合作能力，能够在多学科背景下的团队中承担个体、团队成员以及负责人的角色。

(10)沟通：具有良好的沟通能力，能够就集成电路领域工程问题与业界同行及社会公众进行有效沟通和交流，包括撰写报告和设计文稿、陈述发言、清晰表达或回应指令，并具备一定的国际视野，能够在跨文化背景下进行沟通和交流。

(11)项目管理：理解并掌握集成电路领域工程管理与经济决策方法，并能在多学科环境中应用。

(12)终身学习：具有自主学习和终身学习的意识，有不断学习和适应发展的能力。

课程与毕业要求对应关系见表4-2。

表4-2　集成电路设计与集成系统专业课程与毕业要求的对应关系矩阵

课程名称	本专业毕业要求											
	1	2	3	4	5	6	7	8	9	10	11	12
大学英语										●		●
体育系列课程									●			●
思想道德修养与法律基础						●	●					●
形势与政策							●	●				
计算机应用基础	●	●			●							
C语言程序设计基础	●				●							
中国近现代史纲要							●					●
军事理论								●				
毛泽东思想和中国特色社会主义理论体系概论							●					●

续表

课程名称	本专业毕业要求											
	1	2	3	4	5	6	7	8	9	10	11	12
当代世界经济与政治						●	●				●	
马克思主义基本原理概论								●			●	●
大学语文										●		●
新生研讨课								●		●	●	
大学生心理健康									●			
微积分Ⅰ-1	●											
微积分Ⅰ-2	●											
机械制图	●	●										
大学物理 A(上)	●											
大学物理 A(下)	●											
大学物理实验				●								
电路分析	●	●										
电工实验(B)			●	●	●							
线性代数Ⅰ	●	●										
数学物理方法	●	●										
概率统计Ⅱ	●	●										
电子线路Ⅰ	●	●										
电子线路Ⅱ	●											
数字电子技术基础	●	●										
电子线路实验(上)				●	●							
电子线路实验(下)			●	●								
电磁场与电磁波	●	●										
信号与系统	●	●										
信号与系统实验		●		●								
专业英语										●		●
电路 Spice 仿真与 PCB 设计			●	●	●							
EDA 技术			●		●							
半导体器件物理						●		●				

续表

课程名称	本专业毕业要求											
	1	2	3	4	5	6	7	8	9	10	11	12
微机原理与实验	●			●	●							
嵌入式系统与实验				●	●			●				
集成电路版图设计			●		●	●						
数字信号处理	●	●	●									
数字信号处理实验		●		●	●							
电子线路课程设计					●				●		●	
人工智能导论						●	●				●	
模拟集成电路设计	●		●	●	●							
数字集成电路设计	●		●	●								
嵌入式系统编程训练			●	●					●		●	
模拟集成电路设计与实践	●		●	●		●			●		●	
数字集成电路设计训练	●		●	●		●			●		●	
工程伦理								●		●		
项目管理											●	
VLSI 电路与系统设计	●		●	●	●							
文献信息检索与科技写作										●		●
军事技能									●			
电子实践基本技能训练			●	●					●			
社会实践						●	●	●				
程序设计实践					●				●			
机械制造实训(1)			●		●	●		●				
电气技能实践训练 B 类					●	●		●				
电子设计与工艺实训 A			●	●	●	●						
创新实践			●						●			
企业实习								●	●		●	
创新课题实践			●						●	●	●	●
毕业论文(设计)			●							●		●

3.微电子科学与工程专业

毕业要求:培养的毕业生应能系统地掌握微电子与集成电路相关的基础理论和方法,了解学科前沿和技术发展趋势。此外,毕业生应具备发现与分析问题、设计与测试解决方案、文献检索、计算机应用以及外语应用等基本能力。

围绕微电子科学与工程专业人才培养目标,毕业生应符合以下 12 方面要求:

(1)工程知识:掌握从事微电子科学与工程领域工作所需要的数学、自然科学、工程基础和专业知识,具有运用这些知识解决微电子科学与工程领域复杂工程问题的能力。

(2)问题分析:应用数学、自然科学和微电子与集成电路基本理论,识别、表达,并通过文献研究分析微电子科学与工程领域的复杂工程问题,以获得有效结论。

(3)设计/开发解决方案:掌握微电子领域系统设计、技术开发及工程应用的基本方法,针对微电子领域的复杂工程问题能够提出相应的解决方案,设计出满足特定指标的器件和工艺,同时体现创新意识,并考虑社会、健康、安全、法律、文化以及环境等因素。

(4)研究:能够基于科学原理并采用科学方法对微电子领域的复杂工程问题进行研究,包括器件设计、验证与测试分析,并通过信息综合得到合理有效的结论。

(5)使用现代工具:能够针对微电子领域的复杂工程问题及其预测与模拟,开发、选择与使用恰当的技术、资源、现代工程工具和信息技术工具,并能理解局限性。

(6)工程与社会:能够基于微电子领域工程的相关背景知识进行合理分析,评价微电子领域专业工程实践和复杂工程问题解决方案对社会、健康、安全、法律以及文化的影响,并理解应承担的责任。

(7)环境和可持续发展:能够理解和评价针对微电子领域复杂工程问题的工程实践对环境、社会可持续发展的影响。

(8)职业规范:具有良好的人文社科知识和人文素质,以及较强的社会交往能力,能够在微电子与集成电路领域工程实践中理解并遵守工程职业道德和规范,履行职责。

(9)个人和团队:具有一定的组织、管理、协调和合作能力,能够在多学科背景下的团队中承担个体、团队成员以及负责人的角色。

(10)沟通:具有良好的沟通能力,能够就微电子领域工程问题与业界同行及社会公众进行有效沟通和交流,包括撰写报告和设计文稿、陈述发言、清晰表达或回应指令,并具备一定的国际视野,能够在跨文化背景下进行沟通和交流。

(11)项目管理:理解并掌握微电子与集成电路领域工程管理与经济决策方法,并能在多学科环境中应用。

(12)终身学习:具有自主学习和终身学习的意识,有不断学习和适应发展的能力。

课程与毕业要求对应关系见表4-3。

表4-3　微电子科学与工程专业课程与毕业要求的对应关系矩阵

课程名称	本专业毕业要求											
	1	2	3	4	5	6	7	8	9	10	11	12
大学英语										●		●
体育系列课程									●			●
思想道德修养与法律基础						●	●					●
形势与政策							●	●				
计算机应用基础	●	●			●							
C语言程序设计基础	●				●							
中国近现代史纲要							●					●
军事理论								●				
毛泽东思想和中国特色社会主义理论体系概论							●					●
当代世界经济与政治						●	●				●	
马克思主义基本原理概论								●			●	●
大学语文										●		●
新生研讨课								●		●	●	
大学生心理健康									●			
微积分Ⅰ-1	●											
微积分Ⅰ-2	●											
机械制图	●	●										

续表

课程名称	本专业毕业要求											
	1	2	3	4	5	6	7	8	9	10	11	12
大学物理A(上)	●											
大学物理A(下)	●											
大学物理实验				●								
电路分析	●	●										
电工实验(B)			●	●	●							
线性代数Ⅰ	●	●										
数学物理方法	●	●										
概率统计Ⅱ	●	●										
电子线路Ⅰ	●	●										
电子线路Ⅱ	●											
数字电子技术基础	●	●										
电子线路实验(上)				●	●							
电子线路实验(下)			●	●								
量子力学	●	●										
固体电子学	●	●										
专业英语										●		●
半导体物理与器件	●		●	●	●							
微电子制造科学原理	●		●	●	●							
纳米材料与器件前沿讲座				●	●			●				
模拟集成电路设计			●		●	●						
电子线路课程设计					●				●		●	
微纳电子器件与工艺实验						●	●				●	
先进电子封装及测试技术			●	●	●							
微电子系统集成理论与设计方法			●	●								
工程伦理								●		●		
项目管理											●	
半导体材料及器件表征技术			●	●								
文献信息检索与科技写作				●						●		●

续表

课程名称	本专业毕业要求											
	1	2	3	4	5	6	7	8	9	10	11	12
军事技能									●			
电子实践基本技能训练			●	●					●			
社会实践						●	●	●				
程序设计实践					●				●			
机械制造实训(1)			●		●	●		●				
电气技能实践训练 B 类					●	●		●				
电子设计与工艺实训 A			●	●	●	●						
创新实践			●						●			
企业实习								●	●		●	
创新课题实践			●						●	●	●	●
毕业论文(设计)			●							●		●

4.电子信息科学与技术专业

毕业要求:培养的毕业生应能系统地掌握电子技术、计算机技术和信息电子学的基本理论、技能和方法,了解本学科发展的新成就以及信息产业发展状况,受到严格的科学训练,具有文献检索、电子工艺操作、计算机应用以及外语应用等基本能力,具备发现、分析、解决复杂问题的能力。

围绕电子信息人才培养目标,毕业生应符合以下 12 方面要求:

(1)工程知识:掌握从事电子信息领域工作所需要的数学、自然科学、工程基础和专业知识,具有运用这些知识解决电子信息领域复杂工程问题的能力。

(2)问题分析:应用数学、自然科学和电子信息基本原理,识别、表达,并通过文献研究分析电子信息领域的复杂工程问题,以获得有效结论。

(3)设计/开发解决方案:掌握电子信息领域系统设计、技术开发及工程应用的基本方法,针对电子信息领域的复杂工程问题能够提出相应的解决方案,设计出满足特定需要的电子器件、电路和系统,同时体现创新意识,并考虑社会、健康、安全、法律、文化以及环境等因素。

(4)研究:能够基于科学原理并采用科学方法对电子信息领域的复杂工程问题进行研究,包括设计实验、分析与解释数据,并通过信息综合得到合理有效的结论。

(5)使用现代工具:能够针对电子信息领域的复杂工程问题及其预测与模拟,开发、选择与使用恰当的技术、资源、现代工程工具和信息技术工具,并能理解局限性。

(6)工程与社会:能够基于电子信息领域工程的相关背景知识进行合理分析,评价电子信息领域专业工程实践和复杂工程问题解决方案对社会、健康、安全、法律以及文化的影响,并理解应承担的责任。

(7)环境和可持续发展:能够理解和评价针对电子信息领域复杂工程问题的工程实践对环境、社会可持续发展的影响。

(8)职业规范:具有良好的人文社科知识和人文素质,以及较强的社会交往能力,能够在电子信息领域工程实践中理解并遵守工程职业道德和规范,履行职责。

(9)个人和团队:具有一定的组织、管理、协调和合作的能力,能够在多学科背景下的团队中承担个体、团队成员以及负责人的角色。

(10)沟通:具有良好的沟通能力,能够就电子信息领域工程问题与业界同行及社会公众进行有效沟通和交流,包括撰写报告和设计文稿、陈述发言、清晰表达或回应指令,并具备一定的国际视野,能够在跨文化背景下进行沟通和交流。

(11)项目管理:理解并掌握电子信息领域工程管理与经济决策方法,并能在多学科环境中应用。

(12)终身学习:具有自主学习和终身学习的意识,有不断学习和适应发展的能力。

课程与毕业要求对应关系见表4-4。

表4-4　电子信息科学与技术专业课程与毕业要求的对应关系矩阵

课程名称	本专业毕业要求											
	1	2	3	4	5	6	7	8	9	10	11	12
大学英语										●		●
体育系列课程									●			●
思想道德修养与法律基础						●	●					●
形势与政策							●	●				
计算机应用基础	●	●			●							
C语言程序设计基础	●				●							

续表

课程名称	本专业毕业要求											
	1	2	3	4	5	6	7	8	9	10	11	12
中国近现代史纲要							●					●
军事理论								●				
毛泽东思想和中国特色社会主义理论体系概论							●					●
马克思主义基本原理概论								●			●	●
“四史”专题研究								●			●	●
大学语文										●		●
跨学科基本课程												
新生研讨课								●		●	●	
大学生心理健康									●			
微积分Ⅰ-1	●											
微积分Ⅰ-2	●											
机械制图	●	●										
大学物理A(上)(下)	●											
大学物理实验	●											
电路分析	●	●										
电工实验(B)			●	●	●							
线性代数Ⅰ	●	●										
数学物理方法	●	●										
概率统计Ⅱ	●	●										
电子线路Ⅰ	●	●										
电子线路Ⅱ	●											
数字电子技术基础	●	●										
电子线路实验(Ⅰ)(Ⅱ)				●	●							
电磁场与电磁波、实验	●	●										
信号与系统、实验	●	●		●								
数据结构	●	●	●	●								
量子力学	●	●		●								

续表

课程名称	本专业毕业要求											
	1	2	3	4	5	6	7	8	9	10	11	12
MATLAB 程序设计			●									
物理电子学实验	●	●		●								
数字信号处理、实验	●	●	●	●	●							
数字图像处理	●	●	●	●	●							
现代电子技术前沿	●											
生物医学电子学、实验	●	●	●	●	●							
人工智能导论						●	●				●	
DSP 处理器应用及实验	●	●	●									
半导体照明及光电检测技术	●	●	●									
半导体照明及光电检测实验	●	●	●									
工程伦理			●			●						
现代天线	●											
现代通信原理	●	●										
射频微波电路设计及 CAD	●			●								
天线与微波测量实验	●			●								
微波技术基础	●			●								
FPGA 数字系统设计	●		●	●							●	
Python 语言				●								
面向对象编程				●								
Web 编程				●								
无线通信技术	●	●										
电磁场数值计算法与 MATLAB 实现	●	●										
物联网技术	●	●	●	●								
工程电磁兼容	●	●				●	●					
电子设计开放性实验(上)	●		●									
电子设计开放性实验(下)	●		●									
电子电路 EDA			●		●							
电子测量	●	●		●								

续表

课程名称	本专业毕业要求											
	1	2	3	4	5	6	7	8	9	10	11	12
现代传感器与检测技术	●	●	●	●			●					
文献信息检索与科技写作	●	●		●						●	●	●
微机原理与应用	●	●										
微机原理与应用实验	●		●	●	●							
单片机与嵌入式系统、实验				●	●			●				
军事技能									●			
电子实践基本技能训练			●	●					●			
社会实践						●	●	●				
程序设计实践					●							
机械制造实训(1)			●		●	●		●				
电气技能实践训练(电气实训)B类					●	●		●				
电子设计与工艺实训			●	●	●	●						
创新实践			●						●	●	●	
企业实习								●	●		●	
毕业论文			●							●		●

5.电磁场与无线技术专业

专业要求：培养的毕业生应能系统地掌握电子技术、计算机技术、电磁场科学、无线电技术的基本理论、技能和方法，了解本学科发展的新成就以及信息产业发展状况，受到严格的科学训练，具有文献检索、电子工艺操作、计算机应用以及外语应用等基本能力，具备发现、分析、解决问题的能力。

围绕电磁场与无线技术专业人才培养目标，毕业生应符合以下12方面要求：

(1)工程知识：掌握从事电磁场与无线技术领域工作所需要的数学、自然科学、工程基础和专业知识，具有运用这些知识解决电磁场与无线技术领域复杂工程问题的能力。

(2)问题分析：应用数学、自然科学和电磁场与无线技术基本原理，识别、表达，并通过文献研究分析电磁场与无线技术领域的复杂工程问题，以获得有效结论。

(3)设计/开发解决方案:掌握电磁场与无线技术领域系统设计、技术开发及工程应用的基本方法,针对电磁场与无线技术领域的复杂工程问题能够提出相应的解决方案,设计出满足特定需要的电子器件、电路和系统,同时体现创新意识,并考虑社会、健康、安全、法律、文化以及环境等因素。

(4)研究:能够基于科学原理并采用科学方法对电磁场与无线技术领域的复杂工程问题进行研究,包括设计实验、分析与解释数据,并通过技术综合得到合理有效的结论。

(5)使用现代工具:能够针对电磁场与无线技术领域的复杂工程问题及其预测与模拟,开发、选择与使用恰当的技术、资源、现代工程工具和信息技术工具,并能理解局限性。

(6)工程与社会:能够基于电磁场与无线技术领域工程的相关背景知识进行合理分析,评价电磁场与无线技术领域专业工程实践和复杂工程问题解决方案对社会、健康、安全、法律以及文化的影响,并理解应承担的责任。

(7)环境和可持续发展:能够理解和评价针对电磁场与无线技术领域复杂工程问题的工程实践对环境、社会可持续发展的影响。

(8)职业规范:具有良好的人文社科知识和人文素质,以及较强的社会交往能力,能够在电磁场与无线技术领域工程实践中理解并遵守工程职业道德和规范,履行职责。

(9)个人和团队:具有一定的组织、管理、协调和合作能力,能够在多学科背景下的团队中承担个体、团队成员以及负责人的角色。

(10)沟通:具有良好的沟通能力,能够就电磁场与无线技术领域工程问题与业界同行及社会公众进行有效沟通和交流,包括撰写报告和设计文稿、陈述发言、清晰表达或回应指令,并具备一定的国际视野,能够在跨文化背景下进行沟通和交流。

(11)项目管理:理解并掌握电磁场与无线技术领域工程管理与经济决策方法,并能在多学科环境中应用。

(12)终身学习:具有自主学习和终身学习的意识,有不断学习和适应发展的能力。

课程与毕业要求对应关系见表4-5。

表 4-5　电磁场与无线技术专业课程与毕业要求的对应关系矩阵

课程名称	本专业毕业要求											
	1	2	3	4	5	6	7	8	9	10	11	12
大学英语										●		●
体育系列课程									●			●
思想道德修养与法律基础						●	●					●
形势与政策							●	●				
计算机应用基础	●	●			●							
C 语言程序设计基础	●				●							
中国近现代史纲要							●					●
军事理论								●				
毛泽东思想和中国特色社会主义理论体系概论							●					●
马克思主义基本原理概论								●			●	●
“四史”专题研究								●			●	●
大学语文										●		●
跨学科基本课程												
新生研讨课								●		●	●	
大学生心理健康									●			
微积分Ⅰ-1	●											
微积分Ⅰ-2	●											
机械制图	●	●										
大学物理 A(上)(下)	●											
大学物理实验	●											
电路分析	●	●										
电工实验(B)			●	●	●							
线性代数Ⅰ	●	●										
数学物理方法	●	●										
概率统计Ⅱ	●	●										
电子线路Ⅰ	●	●										
电子线路Ⅱ	●											

续表

课程名称	本专业毕业要求											
	1	2	3	4	5	6	7	8	9	10	11	12
数字电子技术基础	●	●										
电子线路实验(Ⅰ)(Ⅱ)				●	●							
电磁场与电磁波、实验	●	●										
信号与系统、实验	●	●		●								
数据结构	●	●	●	●								
量子力学	●	●		●								
MATLAB 程序设计			●									
物理电子学实验	●	●		●								
数字信号处理、实验	●	●	●	●	●							
数字图像处理	●	●	●	●	●							
现代电子技术前沿	●											
生物医学电子学、实验	●	●	●	●	●							
人工智能导论						●	●				●	
DSP 处理器应用及实验	●	●	●									
半导体照明及光电检测技术	●	●	●									
半导体照明及光电检测实验	●	●	●									
工程伦理			●			●						
现代天线	●											
现代通信原理	●	●										
射频微波电路设计及 CAD	●			●								
微波集成电路	●			●								
天线与微波测量实验	●			●								
微波技术基础	●			●								
FPGA 数字系统设计	●		●	●							●	
Python 语言				●								
面向对象编程				●								
Web 编程				●								
无线通信技术	●	●										

续表

课程名称	本专业毕业要求											
	1	2	3	4	5	6	7	8	9	10	11	12
电磁场数值计算法与 MATLAB 实现	●	●										
物联网技术	●	●	●	●								
工程电磁兼容	●	●				●	●					
电子设计开放性实验(上)	●		●									
电子设计开放性实验(下)	●		●									
电子电路 EDA			●		●							
电子测量	●	●		●								
现代传感器与检测技术	●	●	●	●			●					
文献信息检索与科技写作	●	●		●						●	●	●
微机原理与应用	●	●										
微机原理与应用实验	●		●	●	●							
单片机与嵌入式系统、实验				●	●			●				
军事技能									●			
电子实践基本技能训练			●	●					●			
程序设计实践					●							
机械制造实训(1)			●		●	●		●				
电气技能实践训练(电气实训)B 类					●	●		●				
电子设计与工艺实训			●	●	●	●						
创新实践			●						●	●	●	
企业实习								●	●		●	
毕业论文			●							●		●
色度学与半导体显示												
EDA 技术			●		●							
半导体材料及器件表征技术	●	●										
纳米材料与器件前沿讲座	●											

三、课程学分设置

表 4-6　专业课程学分设置一览表(2019 版培养方案)

专业名称	最少要求学分	公共基本		通识教育		学科通修		专业方向性课		其他教学环节	
		学分	占比	学分	占比	学分	占比	学分	占比	学分	占比
电子信息工程	162	33	20.4%	14	8.6%	56	34.6%	38	23.4%	21	13.0%
集成电路设计与集成系统	162	33	20.4%	14	8.6%	56	34.6%	30	18.5%	29	17.9%
微电子科学与工程	160	33	20.6%	14	8.8%	52	32.5%	40	25.0%	21	13.1%
电子信息科学与技术	162	33	20.4%	14	8.6%	60	37.1%	36	22.2%	19	11.7%
电磁场与无线技术	162	33	20.4%	14	8.6%	60	37.1%	36	22.2%	19	11.7%

第二节　精品课程与教改项目

一、精品课程

表 4-7　学院精品课程一览表

序号	项目名称	项目类别	项目级别	负责人	获批时间
1	电磁波的应用	精品视频公开课	国家级	游佰强 周建华	2016
2	微波技术基础	精品在线开放课程	省部级	游佰强	2016
3	嵌入式系统与实验	精品在线开放课程	省部级	李晓潮	2016
4	电路分析 A	精品在线开放课程	省部级	李琳	2017
5	微波技术基础	精品在线开放课程	国家级	游佰强	2017
6	嵌入式系统与实验	精品在线开放课程	国家级	李晓潮	2017
7	电磁场与微波技术实验	精品在线开放课程	省部级	游佰强	2018
8	电子线路 A(Ⅰ)	精品在线开放课程	省部级	吴晓芳	2018
9	嵌入式系统与实验	省级精品线上线下混合式课程	省部级	李晓潮	2019

续表

序号	项目名称	项目类别	项目级别	负责人	获批时间
10	微波技术基础	省级精品线上线下混合式课程	省部级	游佰强 周建华	2019
11	微波技术基础	精品在线开放课程	省部级	游佰强 周建华	2019
12	嵌入式系统与实验	精品在线开放课程	省部级	李晓潮	2019
13	电磁场与微波技术实验	精品在线开放课程	省部级	游佰强 周建华	2019
14	电路分析	精品在线开放课程	省部级	李琳	2019
15	微波技术基础	国家级一流本科课程 （线上一流课程）	国家级	游佰强	2020
16	嵌入式系统与实验	国家级一流本科课程 （线上一流课程）	国家级	李晓潮	2020
17	电磁场与电磁波	省级一流本科课程 （线上一流课程）	省部级	李伟文	2020
18	天线与电波传播	省级一流本科课程 （线上一流课程）	省部级	游佰强	2020
19	电子线路	省级一流本科课程 （线上一流课程）	省部级	吴晓芳	2020
20	激光原理与技术	省级一流本科课程 （线上一流课程）	省部级	黄朝红	2020
21	电磁波及其应用	省级一流本科课程 （线上一流课程）	省部级	游佰强	2020
22	微波技术基础	省级一流本科课程 （线上一流课程）	省部级	游佰强	2020
23	嵌入式系统与实验	省级一流本科课程 （线上一流课程）	省部级	李晓潮	2020
24	电磁场与微波技术实验	省级一流本科课程 （线上一流课程）	省部级	游佰强 周建华	2020
25	电路分析	省级一流本科课程 （线上一流课程）	省部级	李琳	2020

续表

序号	项目名称	项目类别	项目级别	负责人	获批时间
26	电子线路Ⅰ	省级一流本科课程（线上线下混合式一流课程）	省部级	吴晓芳	2020
27	电路分析	省级一流本科课程（线上线下混合式一流课程）	省部级	李琳	2020
28	微波技术基础	省级一流本科课程（线上线下混合式一流课程）	省部级	游佰强	2020
29	嵌入式系统与实验	省级一流本科课程（社会实践一流课程）	省部级	陈华宾	2020

二、教改项目

表 4-8 学院教改项目一览表

项目名称	项目主持人	项目参与人	批准文号	获批时间	计划完成时间	立项名称
优化光电信息类工科专业硕士（包括卓越工程师）校企合作人才培养新模式研究	陈忠	吕毅军、蔡淑惠、高玉琳、朱丽虹、林岳	闽教科〔2015〕69号	2015	2017-06-30	福建省中青年教师教育科研社科A类项目（2015年福建省本科高校教育教学改革研究项目）
电子基础课程教学改革的新探索——复合型人才科研素质与创新能力的培养	李琳	施芝元、刘舜奎、吴晓芳、李惠钦、侯芳	闽教科〔2015〕69号	2015	2017-06-01	福建省中青年教师教育科研社科A类项目（2015年福建省本科高校教育教学改革研究项目）
创新型电子类专业研究生人才培养模式研究与实践	张丹	张保平、车凯军、付宏燕、齐洁、应磊莹	闽教科〔2015〕69号	2015	2018-12-31	福建省中青年教师教育科研社科A类项目（2015年福建省本科高校教育教学改革研究项目）

续表

项目名称	项目主持人	项目参与人	批准文号	获批时间	计划完成时间	立项名称
产教融合创新型专业研究生培养模式研究	陈忠	于大全、施芝元、吕毅军、李琳、周剑扬、游佰强、林岳	闽教科规〔2020〕23号	2020	2022-09-31	2020年福建省本科高校教育教学改革研究一般项目

三、新工科研究与实践项目

表 4-9　新工科研究与实践项目

项目名称	项目类别	项目级别	负责人	获批时间
新工科背景下电子信息工程专业多元协同人才培养模式的改革与实践	教育部第二批新工科研究与实践项目	国家级	施芝元	2020

第三节　教学成果奖

表 4-10　学院教学成果奖一览表

序号	成果名称	主要完成人	级别	奖励等级	获批时间	批准文号	奖项名称
1	电子信息类学生创新实验教学培养体系改革	彭侠夫、黄联芬、陈华宾、董俊、刘舜奎、程曙艳	省级	一等奖	2014	闽教高〔2014〕13号	福建省第七届高等教育教学成果奖
2	以产业需求为导向，探索服务海西信息通信产业的人才培养新体制	石江宏、郑灵翔、施芝元、洪学敏、董俊、陈辉煌	省级	二等奖	2014	闽教高〔2014〕13号	福建省第七届高等教育教学成果奖
3	构建面向新一代通信技术的电磁课程集群	李伟文、施芝元、李琳、游佰强、李森森、董小鹏	省级	二等奖	2020	闽教高〔2020〕24号	福建省2020年高等教育省级教学成果奖

第四节 特色专业与创新试验区

表 4-11 学院特色专业与创新试验区一览表

序号	专业/教学中心名称	获批时间	批准单位	立项名称
1	厦门大学电子信息实验教学中心	2012	教育部	国家实验教学示范中心
2	省级电子与通信工程实验教学中心	2013	福建省教育厅	福建省“十二五”高等学校实验教学示范中心
3	电子信息科学与技术	2013	教育部	教育部卓越工程师教育培养计划
4	集成电路设计与集成系统	2016	福建省教育厅	福建省高等学校服务产业特色专业立项
5	电子信息工程	2019	教育部	国家级一流本科专业建设点
6	电子信息科学与技术	2019	福建省教育厅	福建省一流本科专业建设点
7	微电子科学与工程	2020	福建省教育厅	福建省一流本科专业建设点

第五节 教材建设

表 4-12 学院教材/专著情况一览表

序号	教材名称	作者	出版时间	出版社	所获奖励或支持名称
1	工程电磁学基础	周建华、游佰强(译)	2006	机械工业出版社	电子工程丛书
2	电磁兼容的测试方法与技术	游佰强、周建华等(译)	2007	机械工业出版社	电子与电气工程丛书
3	电磁场与微波技术实验教程	游佰强、周建华、徐伟明、李伟文等	2008	厦门大学出版社	高等院校信息技术实验教程丛书·福建省精品课程教材

续表

序号	教材名称	作者	出版时间	出版社	所获奖励或支持名称
4	超小波分析及应用	闫敬文、屈小波	2008	国防工业出版社	教材建设
5	信号与系统	周建华、游佰强	2009	清华大学出版社	高等院校电子信息与电气学科特色教材
6	混合信号模数转换CMOS集成电路设计	李晓潮、邢建力、林海军	2015	清华大学出版社	教育部高等学校电子信息类专业教学指导委员会规划教材
7	压缩感知及应用	闫敬文、刘蕾、屈小波	2016	国防工业出版社	
8	核磁共振波谱法.分析化学（第五版）下册	陈忠	2018	高等教育出版社	“十二五”普通高等教育本科国家级规划教材
9	工程电磁学与电磁波(第2版)	游佰强、周建华(译)	2019	清华大学出版社	新视野电子电气科技丛书

第六节　实习实训基地

学院积极响应学校提出的从“以教师为中心”向“以学生为中心”转变、从“以教为中心”向“以学为中心”转变、从“统一模式培养”向“个性需求培养”转变的号召，主动走访用人单位，大力推动与国家重要行业、关键领域、战略性新兴行业等“强重”部门的合作，共建校外实践教育基地。本着资源共享、相互协作、互惠互利、共同发展的原则，学院与22家企业签订《共建厦门大学大学生实习基地协议书》，每年6—8月组织安排学生到各家公司进行实习实训。详细信息见表4-13。

表 4-13 学院签约实习实训协议企业信息一览表

序号	级别	企业名称	地点	容纳人数
1	校级	龙芯中科技术股份有限公司	北京	10
2	校级	杭州海康威视数字技术股份有限公司	杭州	15
3	校级	锐捷网络股份有限公司	福州	20
4	校级	福州瑞芯微电子股份有限公司	福州	20
5	校级	福建联迪商用设备有限公司	福州	15
6	校级	新大陆支付技术有限公司	福州	15
7	校级	深圳市浩源光电技术有限公司	深圳	10
8	校级	深圳信步科技有限公司	深圳	15
9	校级	厦门信息集团有限公司	厦门	30
10	校级	厦门海沧信息产业发展有限公司	厦门	10
11	校级	厦门市美亚柏科信息股份有限公司	厦门	30
12	校级	厦门市三安集成电路有限公司	厦门	20
13	校级	联芯集成电路制造(厦门)有限公司	厦门	15
14	校级	厦门优迅高速芯片有限公司	厦门	10
15	校级	厦门信和达电子有限公司	厦门	15
16	校级	厦门士兰集科微电子有限公司	厦门	15
17	校级	厦门通富微电子有限公司	厦门	15
18	校级	厦门云天半导体科技有限公司	厦门	15
19	校级	立达信物联科技股份有限公司	厦门	15
20	校级	宏泰机电科技(厦门)有限公司	厦门	10
21	校级	厦门星宸科技有限公司	厦门	20
22	校级	厦门龙胜达照明电器有限公司	厦门	15

第七节　学业竞赛成果

表 4-14　2018—2020 年本科生学业竞赛成绩

序号	竞赛名称	获奖级别	参与者	年度
1	美国大学生数学建模竞赛	国际级一等奖	牛小铭、郑佳琳、成锦	2018
2	美国大学生数学建模竞赛	国际级二等奖	梁星磊	2018
3	美国大学生数学建模竞赛	国际级二等奖	林楷曼	2018
4	美国大学生数学建模竞赛	国际级二等奖	兰贞	2018
5	美国大学生数学建模竞赛	国际级二等奖	范星宇	2018
6	中美青年创客大赛总决赛	国际级二等奖	兰贞	2018
7	美国大学生数学建模竞赛	国际级三等奖	董琦	2018
8	中美青年创客总决赛	国际级优胜奖	王欢	2018
9	第十七届全国大学生机器人大赛 RoboMaster2018 技术挑战赛总决赛	国家级一等奖	龙琼	2018
10	全国大学生物联网设计竞赛	国家级一等奖	梁星磊	2018
11	第八届“华为杯”中国大学生智能设计竞赛	国家级一等奖	梁星磊	2018
12	全国大学生智能互联创新大赛	国家级一等奖	林思泽	2018
13	第八届“华为杯”中国大学生智能设计竞赛	国家级一等奖	林楷曼	2018
14	全国大学生物联网设计竞赛(TI 杯)	国家级一等奖	林楷曼	2018
15	中国大学生计算机设计大赛	国家级一等奖	兰贞	2018
16	全国大学生英语竞赛	国家级三等奖	王与	2018
17	“创青春”全国大学生创业大赛	福建省金奖	江晗	2018

续表

序号	竞赛名称	获奖级别	参与者	年度
18	第四届中国“互联网＋”大学生创新创业大赛	福建省银奖	江晗	2018
19	“创青春”福建省大学生创业大赛	福建省铜奖	梁星磊	2018
20	第九届福建省大学生程序设计竞赛	福建省铜奖	王会慧、芦世杰、刘昭源	2018
21	TI杯福建省大学生电子设计竞赛	福建省特等奖	王志川、阮俊翔、喻昕然	2018
22	全国大学生物联网设计竞赛	福建省特等奖	梁星磊	2018
23	全国大学生物联网设计竞赛(TI杯)华东赛区	华东赛区一等奖	林楷曼	2018
24	TI杯福建省大学生电子设计竞赛	福建省一等奖	黄鑫、胡鑫元、张鹏飞	2018
25	TI杯福建省大学生电子设计竞赛	福建省一等奖	杨仕驭	2018
26	全国大学生数学建模竞赛	福建省一等奖	叶航	2018
27	全国大学生“飞思卡尔”杯智能汽车竞赛	华南赛区二等奖	王少杰	2018
28	TI杯福建省大学生电子设计竞赛	福建省二等奖	瞿纪杰、卢杰、周宁	2018
29	TI杯福建省大学生电子设计竞赛	福建省二等奖	杨泽靖	2018
30	TI杯福建省大学生电子设计竞赛	福建省二等奖	王洪宇、钟岩松、孙岳松	2018
31	TI杯福建省大学生电子设计竞赛	福建省二等奖	陈洵、蔡江涛、张诗翼	2018
32	TI杯福建省大学生电子设计竞赛	福建省二等奖	龙琼	2018
33	TI杯福建省大学生电子设计竞赛	福建省二等奖	宗正、邹奇强、朱桉熠	2018

续表

序号	竞赛名称	获奖级别	参与者	年度
34	TI杯福建省大学生电子设计竞赛	福建省二等奖	钟岩松	2018
35	TI杯福建省大学生电子设计竞赛	福建省三等奖	张纯洁、谢雄峰	2018
36	TI杯福建省大学生电子设计竞赛	福建省三等奖	李佳妮、吴婉铭、何雨婷	2018
37	TI杯福建省大学生电子设计竞赛	福建省三等奖	程志剑	2018
38	TI杯福建省大学生电子设计竞赛	福建省三等奖	胡贝尔	2018
39	TI杯福建省大学生电子设计竞赛	福建省三等奖	余建新	2018
40	TI杯福建省大学生电子设计竞赛	福建省三等奖	张皓旸	2018
41	TI杯福建省大学生电子设计竞赛	福建省三等奖	程晓龙	2018
42	TI杯福建省大学生电子设计竞赛	福建省三等奖	程星、艾皓、黄要然	2018
43	TI杯福建省大学生电子设计竞赛	福建省三等奖	陈思凡	2018
44	TI杯福建省大学生电子设计竞赛	福建省三等奖	董琦	2018
45	TI杯福建省大学生电子设计竞赛	福建省三等奖	董洋	2018
46	TI杯福建省大学生电子设计竞赛	福建省三等奖	何俊莹	2018
47	TI杯福建省大学生电子设计竞赛	福建省三等奖	马改莉	2018
48	“创青春”福建省大学生创业大赛	福建省三等奖	林楷曼	2018

续表

序号	竞赛名称	获奖级别	参与者	年度
49	“创青春”福建省大学生创业大赛	福建省三等奖	林泓悦	2018
50	全国大学生“飞思卡尔”杯智能汽车竞赛	福建省三等奖	王志川、吴哲、王少杰	2018
51	第十七届全国大学生机器人大赛 RoboMaster2018 机甲大师赛	福建省三等奖	龙琼	2018
52	美国大学生数学建模大赛	国际级二等奖	张雨杭、詹逸凡、邓宏燕	2019
53	美国大学生数学建模大赛	国际级二等奖	叶雨洁	2019
54	美国大学生数学建模竞赛	国际级二等奖	陈雨诺、施增辉、王瑀珩	2019
55	美国大学生数学建模竞赛	国际级二等奖	宗正	2019
56	中美青年创客大赛总决赛	国际级三等奖	苏鸿丽	2019
57	全国大学生集成电路创新创业大赛总决赛	国家级一等奖	杨仕驭、张纯洁、罗则渌	2019
58	全国大学生“恩智浦”杯智能汽车竞赛四轮组	国家级一等奖	邹杜娟、朱锐	2019
59	全国大学生物联网设计竞赛(华为杯)全国总决赛	国家级一等奖	郑超茹、曾海龙、陈莞尔	2019
60	高教社杯全国大学生数学建模竞赛	国家级一等奖	詹逸凡、张雨杭、杨仕驭	2019
61	第二届全国大学生嵌入式芯片与系统设计竞赛	国家级一等奖	韩昊宇	2019
62	全国大学生数学建模竞赛	国家级一等奖	饶光煊	2019
63	第十届中国大学生服务外包创新创业大赛	国家级二等奖	宗正、瞿纪杰、周宁、卢杰、蔡江涛	2019
64	中国大学生计算机设计大赛决赛	国家级二等奖	郑超茹、陈莞尔	2019
65	全国大学生集成电路创新创业大赛总决赛	国家级二等奖	郑超茹、陈莞尔、郭晓媛	2019
66	全国大学生电子设计竞赛	国家级二等奖	张纯洁、谢雄峰	2019

续表

序号	竞赛名称	获奖级别	参与者	年度
67	全国大学生电子设计竞赛	国家级二等奖	吴哲、罗则渌	2019
68	第二届中青杯全国大学生数学建模竞赛	国家级三等奖	林青	2019
69	第二届全国高校人工智能创新大赛	国家级三等奖	郑超茹、陈莞尔、曾海龙	2019
70	第九届“华为杯”中国大学生智能设计竞赛	国家级三等奖	陈莞尔、郑超茹	2019
71	全国大学生“恩智浦”杯智能汽车竞赛夸父逐日组	国家级三等奖	邹杜娟、朱锐	2019
72	全国大学生物联网设计竞赛(华为杯)华东赛区	华东赛区特等奖	郑超茹、曾海龙、陈莞尔	2019
73	全国大学生“恩智浦”杯智能汽车竞赛华南赛区四轮组	华南赛区一等奖	邹杜娟、朱锐	2019
74	全国大学生集成电路创新创业大赛华南赛区	华南赛区一等奖	郑超茹、陈莞尔	2019
75	全国大学生集成电路创新创业大赛华南赛区	华南赛区一等奖	杨仕驭、张纯洁、罗则渌	2019
76	“挑战杯”全国大学生课外学术科技作品竞赛	福建省一等奖	魏茂良、王智胜、陈阿鹏、张家赫、刘钊源	2019
77	全国大学生电子设计竞赛	福建省一等奖	吴哲、罗则渌	2019
78	TI 杯福建省大学生电子设计竞赛	福建省一等奖	杨仕驭	2019
79	全国大学生电子设计竞赛	福建省一等奖	张纯洁、谢雄峰	2019
80	高教社杯全国大学生数学建模竞赛	福建省一等奖	罗洪强、吴茹雯、黎玉林	2019
81	高教社杯全国大学生数学建模竞赛	福建省一等奖	郑惠勇、傅振伟、方嘉豪	2019
82	高教社杯全国大学生数学建模竞赛	福建省一等奖	张仁主、陈祖岗、郭志成	2019
83	高教社杯全国大学生数学建模竞赛	福建省一等奖	陈锦、李震文、陈玲玲	2019

续表

序号	竞赛名称	获奖级别	参与者	年度
84	高教社杯全国大学生数学建模竞赛	福建省一等奖	蔡昂昂、赵英訸	2019
85	高教社杯全国大学生数学建模竞赛	福建省一等奖	李良伟、谢雄峰	2019
86	高教社杯全国大学生数学建模竞赛	福建省一等奖	刘雯雯、范帮旭	2019
87	高教社杯全国大学生数学建模竞赛	福建省一等奖	陈搏佳	2019
88	高教社杯全国大学生数学建模竞赛	福建省一等奖	张舒蓉	2019
89	高教社杯全国大学生数学建模竞赛	福建省一等奖	麻钰皓	2019
90	高教社杯全国大学生数学建模竞赛	福建省一等奖	林青	2019
91	高教社杯全国大学生数学建模竞赛	福建省一等奖	罗则渌	2019
92	第十一届全国大学生数学竞赛(非数学类)	福建省一等奖	林青	2019
93	全国大学生“恩智浦”杯智能汽车竞赛华南赛区	华南赛区二等奖	姚伟强	2019
94	中国大学生计算机设计大赛福建省赛	福建省二等奖	郑超茹、陈莞尔	2019
95	福建省大学生智能汽车竞赛	福建省二等奖	刘雅慧、陈洵	2019
96	高教社杯全国大学生数学建模竞赛	福建省二等奖	刘玲、宗正	2019
97	高教社杯全国大学生数学建模竞赛	福建省二等奖	卢江峰、黄儒翊、刘浩湘	2019
98	高教社杯全国大学生数学建模竞赛	福建省二等奖	张萌新、刘雅慧、陈洵	2019
99	高教社杯全国大学生数学建模竞赛	福建省二等奖	陈鑫、包世娇、于宸	2019

续表

序号	竞赛名称	获奖级别	参与者	年度
100	全国大学生电子设计竞赛	福建省二等奖	蔡江涛、陈洵、张诗翼	2019
101	全国大学生电子设计竞赛	福建省二等奖	刘昶逸、周伟、丁宇霖	2019
102	全国大学生电子设计竞赛	福建省二等奖	杨仕驭、宗正、朱桉熠	2019
103	中美青年创客大赛厦门分赛区	厦门分赛区二等奖	苏鸿丽	2019
104	全国大学生集成电路创新创业大赛华南赛区	华南赛区三等奖	曾文杰	2019
105	全国大学生电子设计竞赛	福建省三等奖	曾文杰	2019
106	福建省大学生智能汽车竞赛	福建省三等奖	姚伟强、邹杜娟	2019
107	全国大学生电子设计竞赛	福建省三等奖	邓宏燕、陈玲玲、张雨杭	2019
108	全国大学生电子设计竞赛	福建省三等奖	方庭婧、罗洪强、黄儒翊	2019
109	全国大学生电子设计竞赛	福建省三等奖	李源、王文杰、谭山	2019
110	全国大学生电子设计竞赛	福建省三等奖	饶光煊、梁茗朝、邹奇强	2019
111	国际遗传工程机器大赛(iGEM)	国际级金奖	王清柳	2020
112	美国大学生数学建模比赛	国家级特等奖提名	陈洁、苏鸿丽、孙泽飞	2020
113	TI杯福建省大学生电子设计竞赛	国际级一等奖	范帮旭、朱雨宸	2020
114	美国大学生数学建模比赛	国际级一等奖	刘雯雯、范帮旭	2020
115	美国大学生数学建模比赛	国际级一等奖	师远、薛璟、张曼	2020
116	美国大学生数学建模比赛	国际级二等奖	麻钰皓	2020
117	美国大学生数学建模比赛	国际级二等奖	王凯凯、呼昕炜	2020
118	美国大学生数学建模比赛	国际级二等奖	黄儒翊、张纯洁、卢江峰	2020
119	美国大学生数学建模比赛	国际级二等奖	饶光煊	2020
120	美国大学生数学建模比赛	国际级成功参赛奖	郭晓森、侯劲松	2020
121	美国大学生数学建模比赛	国际级一等奖	邓宏燕、廖鑫辉、邹奇强	2020

续表

序号	竞赛名称	获奖级别	参与者	年度
122	美国大学生数学建模比赛	国家级一等奖	王与、赵英訸	2020
123	第十九届全国大学生机器人大赛 RoboMaster 2020 机甲大师对抗赛(线上)嵌入式组	国家级一等奖	孙泽飞、杨扬	2020
124	英特尔杯大学生电子设计竞赛嵌入式系统专题邀请赛	国家级一等奖	罗上聪、孙泽飞、杨扬	2020
125	美国大学生数学建模比赛	国际级二等奖	方庭婧、刘浩湘、刘玉兰	2020
126	第十九届全国大学生机器人大赛 RoboMaster2020 机甲大师赛	国家级二等奖	陈新阳	2020
127	第十九届全国大学生机器人大赛 RoboMaster2020 机甲大师赛	国家级二等奖	罗上聪、陈新阳、孙泽飞、杨扬、韦登帅、马九顺	2020
128	第十一届中国大学生服务外包创新创业大赛	国家级二等奖	林青、仲雪宁	2020
129	中国大学生计算机设计大赛	国家级二等奖	张传溢、张纯洁、邹奇强	2020
130	第十五届全国大学生智能汽车竞赛	国家级二等奖	郑世玖、陈新	2020
131	全国大学生英语竞赛 C 类	国家级二等奖	吴燕菲	2020
132	“智联有道·滴滴杯”第十五届全国大学生交通运输科技大赛	国家级二等奖	罗上聪、孙泽飞、杨扬	2020
133	全国大学生嵌入式芯片与系统设计竞赛暨智能互联创新大赛	国家级二等奖	韩昊宇	2020
134	全国大学生嵌入式芯片与系统设计竞赛暨智能互联创新大赛	国家级二等奖	罗上聪、孙泽飞、杨扬	2020
135	全国大学生数学建模竞赛	国家级二等奖	张曼、李濮洋、卢杰鑫	2020
136	第六届中国国际“互联网+”大学生创新创业大赛	国家级二等奖	陈佳、钱义洋、缪春颖、胡天宇、王昕健、林燕红、刘卓伦	2020

续表

序号	竞赛名称	获奖级别	参与者	年度
137	全国大学生集成电路创新创业大赛	国家级三等奖	韩博阳、邓宏燕	2020
138	全国大学生集成电路创新创业大赛华南赛区	国家级三等奖	马九顺	2020
139	中美青年创客大赛	福建省特等奖	麻钰皓	2020
140	中美青年创客大赛	福建省特等奖	朱宇宸	2020
141	中国大学生计算机设计大赛	福建省一等奖	刘卓伦	2020
142	中国大学生计算机设计大赛	福建省一等奖	麻钰皓、王与、殷铭远	2020
143	第十五届全国大学生智能汽车竞赛	福建省一等奖	郑世玖、陈新	2020
144	全国大学生数学建模竞赛	福建省一等奖	辜为栋、朱庆骁、张之渊	2020
145	全国大学生数学建模竞赛	福建省一等奖	林朴坚	2020
146	全国大学生数学建模竞赛	福建省一等奖	牛荣荣、林雅茜、吴艺婕	2020
147	第六届福建省“互联网＋”大学生创新创业大赛	福建省一等奖	陈佳、钱义洋、缪春颖、胡天宇、王昕健、吴志文、叶晓毅、马泽蓉、费翔、刘卓伦	2020
148	全国大学生数学建模竞赛	福建省一等奖	王凯凯、呼昕炜	2020
149	TI杯福建省大学生电子设计大赛	福建省一等奖	辜为栋、王汉捷、朱庆骁	2020
150	TI杯福建省大学生电子设计竞赛	福建省一等奖	阮小婷、牛荣荣、汪青蓓	2020
151	全国大学生数学建模竞赛	福建省一等奖	陈洁、苏鸿丽、孙泽飞	2020
152	全国大学生数学建模竞赛	福建省一等奖	廖乘、蓝兰	2020
153	全国大学生数学建模竞赛	福建省一等奖	刘建廷、刘昱琪、张心成	2020
154	全国大学生数学建模竞赛	福建省一等奖	杨涛、陈干	2020
155	全国大学生数学建模竞赛	福建省一等奖	梅怀宇	2020
156	全国大学生数学建模竞赛	福建省一等奖	苏泽西	2020
157	全国大学生数学建模竞赛	福建省一等奖	张仪嵘	2020

续表

序号	竞赛名称	获奖级别	参与者	年度
158	全国大学生电子设计竞赛	福建省一等奖	朱宇宸、范帮旭	2020
159	全国大学生数学建模竞赛	福建省一等奖	俞昊	2020
160	全国大学生数学建模竞赛	福建省一等奖	赵子郡、师远、屈景奇	2020
161	全国大学生数学建模竞赛	福建省一等奖	黄梓健、庞秋瑶	2020
162	全国大学生数学建模竞赛	福建省一等奖	蓝景滨	2020
163	全国大学生数学建模竞赛	福建省一等奖	卢淏天	2020
164	全国大学生数学建模竞赛	福建省一等奖	刘正杨	2020
165	全国大学生数学建模竞赛	福建省一等奖	王臻	2020
166	第四届“中国创翼”创新创业大赛厦门赛区	厦门赛区一等奖	陈佳、钱义洋、缪春颖、胡天宇、王昕健、刘卓伦	2020
167	全国大学生嵌入式芯片与系统设计竞赛暨智能互联创新大赛南部赛区	南部赛区二等奖	罗上聪、孙泽飞、杨扬	2020
168	中美青年创客大赛厦门赛区决赛	厦门赛区二等奖	唐湘江	2020
169	中国大学生计算机设计大赛福建省级赛	福建省二等奖	孙泽飞	2020
170	中国大学生计算机设计大赛	福建省二等奖	张纯洁、张传溢、邹奇强	2020
171	全国大学生集成电路创新创业大赛	福建省二等奖	韩博阳、邓宏燕	2020
172	第十五届全国大学生智能汽车竞赛	福建省二等奖	熊毅峰	2020
173	第十五届全国大学生智能汽车竞赛	福建省二等奖	姚嘉禧、熊毅峰	2020
174	全国大学生数学建模竞赛	福建省二等奖	唐湘江	2020
175	TI杯福建省大学生电子设计竞赛	福建省二等奖	戴荣彬、温雨嘉、李登海	2020
176	全国大学生数学建模竞赛	福建省二等奖	董云龙、魏雁升	2020
177	全国大学生数学建模竞赛	福建省二等奖	何怀琨	2020

续表

序号	竞赛名称	获奖级别	参与者	年度
178	全国大学生数学建模竞赛	福建省二等奖	侯苏芯	2020
179	全国大学生数学建模竞赛	福建省二等奖	江建波、姜远远、丁佳欣	2020
180	全国大学生数学建模竞赛	福建省二等奖	孟朕宇、龚雨佳、董晓雅	2020
181	全国大学生数学建模竞赛	福建省二等奖	沈心奕、苏珏	2020
182	全国大学生数学建模竞赛	福建省二等奖	孙昊、周琮洋	2020
183	全国大学生数学建模竞赛	福建省二等奖	王汉捷、刘星辰	2020
184	全国大学生数学建模竞赛	福建省二等奖	杨舒茜、朱宇宸、张千帆	2020
185	全国大学生数学建模竞赛	福建省二等奖	周琮洋、孙昊	2020
186	全国大学生数学建模竞赛	福建省二等奖	王钰涵、沈佳	2020
187	全国大学生数学建模竞赛	福建省二等奖	陈子怡、梁佳佳、周京	2020
188	全国大学生数学建模竞赛	福建省二等奖	孙星语	2020
189	全国大学生数学建模竞赛	福建省二等奖	韦登帅、刘澳旋	2020
190	全国大学生数学建模竞赛	福建省二等奖	赵茂江	2020
191	全国大学生数学建模竞赛	福建省二等奖	郑智伟	2020
192	全国大学生数学建模竞赛	福建省二等奖	师远	2020
193	全国大学生数学建模竞赛	福建省二等奖	高斯婕	2020
194	全国大学生数学建模竞赛	福建省二等奖	柯可	2020
195	全国大学生数学建模竞赛	福建省二等奖	庞秋瑶	2020
196	全国大学生集成电路创新创业大赛华南赛区	华南赛区三等奖	廖鑫辉、邹奇强、梁茗朝	2020
197	第十五届全国大学生智能汽车竞赛华南赛区	华南赛区三等奖	谢禧龙	2020
198	全国大学生嵌入式芯片与系统设计竞赛暨智能互联创新大赛南部赛区复赛	南部赛区三等奖	梅家郡、郭心宇、王汉捷	2020
199	全国大学生嵌入式芯片与系统设计竞赛暨智能互联创新大赛南部赛区复赛	南部赛区三等奖	张纯洁、陈洵、陈玲玲	2020

续表

序号	竞赛名称	获奖级别	参与者	年度
200	中国大学生计算机设计大赛	福建省三等奖	谢雄峰、方庭婧、韩旭威	2020
201	中国高校计算机大赛移动应用创新赛	福建省三等奖	唐湘江	2020
202	TI杯福建省大学生电子设计竞赛	福建省三等奖	卓天枢、蔡晓文、张之渊	2020
203	第三届普译奖全国大学生英语写作大赛(初赛)	福建省三等奖	苏泽西	2020
204	全国大学生数学建模竞赛	福建省三等奖	欧鸿泽	2020
205	全国大学生电子设计竞赛	福建省三等奖	屈景奇、师远、薛璟	2020

表 4-15　2016—2020 年研究生学业竞赛成绩

序号	竞赛名称	获奖级别	参与者	年度
1	美国大学生数学建模竞赛	国际级一等奖	章杨	2016
2	美国大学生数学建模竞赛	国际级二等奖	刘姗、朱柄键、田畅、甘泽宇	2016
3	“创青春”中航工业全国大学生创业大赛第十届“挑战杯”大学生创业计划竞赛	国家级金奖	梁添、吴丹、陈姚佳、顾曼、陈晓宇、黄家铭、戚宇轩、王建莉、王心灵	2016
4	第三届中国青年志愿服务项目大赛总决赛	国家级金奖	林苡、蔡臣静	2016
5	“创青春”中航工业全国大学生创业大赛创业实践挑战赛	国家级银奖	林苡	2016
6	“华为杯”第十一届中国研究生电子设计竞赛商业计划书专项赛	国家级一等奖	梁添、龙志军、薛团辉	2016
7	全国大学生机器人大赛RoboMaster2016 东部赛区	东部赛区一等奖	谢伟平	2016
8	“华为杯”第十一届中国研究生电子设计竞赛	国家级二等奖、华东赛区一等奖	肖菁菁、肖瑶、郑莉莉	2016
9	第十五届全国大学生机器人大赛 Robocon	国家级三等奖	闫志朔、陈超奇、谢伟平、何冀豫	2016

续表

序号	竞赛名称	获奖级别	参与者	年度
10	全国大学生“西门子杯”工业自动化挑战赛	国家级三等奖	胡志男	2016
11	第九届全国大学生节能减排社会实践与科技竞赛	国家级三等奖	陈超奇	2016
12	“中关村青联杯”第十二届全国研究生数学建模竞赛	国家级三等奖	张玉贤、管珍、甘澄	2016
13	“华为杯”第十三届全国研究生数学建模竞赛	国家级三等奖	张玉贤、龙志军、夏慧琰	2016
14	“华为杯”第十一届中国研究生电子设计竞赛华东分赛区	国家级三等奖	张玉贤、龙志军、曹嬴	2016
15	“华为杯”第十一届中国研究生电子设计竞赛全国总决赛	国家级优秀组织奖	厦门大学	2016
16	“创青春”福建省大学生创业大赛创业计划赛	福建省金奖	黄家铭	2016
17	第二届福建省“互联网＋”大学生创新创业大赛	福建省铜奖	林苡	2016
18	“华为杯”第十一届中国研究生电子设计竞赛华东分赛区	华东分赛区一等奖	张杰、魏铮、魏颖斌	2016
19	“创青春”全国大学生创业大赛	福建省一等奖	黄家铭	2016
20	“创青春”福建省大学生创业大赛实践挑战赛	福建省一等奖	胡靖敏、林苡	2016
21	“华为杯”第十一届中国研究生电子设计竞赛华东分赛区	华东分赛区二等奖	杨华裕、方少荣	2016
22	全国大学生“飞思卡尔”杯智能汽车竞赛电磁组	福建省二等奖	夏海伦	2016
23	TI杯福建省大学生电子设计竞赛	福建省二等奖	陈超奇	2016
24	第二届中国“互联网＋”大学生创新创业大赛福建省赛	福建省二等奖	梁添、吴丹、王建莉、戚宇轩	2016

续表

序号	竞赛名称	获奖级别	参与者	年度
25	“华为杯”第十一届中国研究生电子设计竞赛华东分赛区	华东分赛区三等奖	刘伟、刘韶宇、郑泽寰	2016
26	TI杯福建省大学生电子设计竞赛	福建省三等奖	李鸣	2016
27	第六届全国大学生电子商务“三创赛”	福建省三等奖	黄家铭	2016
28	首届“海峡杯”创新创业大赛	优胜奖	许子颉	2016
29	“海峡杯”创新创业大赛	国际十强	许子颉团队	2017
30	中国青年志愿服务项目大赛	全国示范项目	郑美颖、柴佳琦、贺小敏	2017
31	“中国大学生自强之星”	国家级	沈培鑫	2017
32	全国大学生物理学术竞赛	国家级一等奖	王康、杨弘靖、朱进江、彭傲然、王少杰、吴桐	2017
33	第三届中国志愿服务项目大赛总决赛	国家级一等奖	林苡、蔡臣静团队	2017
34	“创青春”全国大学生创业大赛全国总决赛	国家级一等奖	梁添、黄家铭团队	2017
35	全国大学生电子设计竞赛	国家级一等奖	李鸣、齐琦、毕硕雪	2017
36	第十六届全国大学生机器人大赛 Robocon	国家级一等奖	谢旭鹏	2017
37	全国大学生智能互联创新大赛	国家级一等奖	李汉波	2017
38	全国大学生物联网设计竞赛	国家级一等奖	李汉波	2017
39	蓝桥杯全国软件和信息技术专业人才大赛	国家级一等奖	李汉波	2017
40	“华为杯”第十二届中国研究生电子设计竞赛	国家级二等奖	黄蓉团队	2017
41	美国大学生数学建模竞赛	国家级二等奖	郑奇、张玉雪、谢旭鹏、段雅楠、赖志伟、杨福宝、李典杰、柯嘉倩、钱佳辉、陈艺云、王建	2017

续表

序号	竞赛名称	获奖级别	参与者	年度
42	“创青春”全国大学生创业大赛全国总决赛	国家级二等奖	林苡团队	2017
43	全国大学生数学建模竞赛	国家级二等奖	段雅楠	2017
44	“台达杯”高校自动化设计大赛	国家级二等奖	李鸣	2017
45	第十六届全国大学生机器人大赛 Robocon	国家级三等奖	文卓豪	2017
46	全国大学生机器人大赛	国家级三等奖	贾启鲲	2017
47	全国大学生数学建模竞赛	国家级三等奖	赵金贵、童燚、齐琦	2017
48	“挑战杯”全国大学生课外学术科技作品竞赛	国家级三等奖	方一奇、王济国	2017
49	“华为杯”第十二届全国研究生电子设计竞赛	国家级三等奖	魏铮	2017
50	中美青年创客大赛	国家级三等奖	李汉波	2017
51	第八届海峡两岸“梦想工场”青年科技创新创业大赛	国家级三等奖	李汉波	2017
52	第二届全国智能制造创新创业大赛	全国十强	李汉波	2017
53	“挑战杯”福建省大学生课外学术科技作品竞赛	福建省特等奖	方一奇、王济国	2017
54	“挑战杯”福建省大学生课外学术科技作品竞赛	福建省一等奖	肖瑶、杜楷、朱凌锋、肖琮、洪佳箐	2017
55	全国大学生数学建模竞赛	福建省一等奖	陈艺云、刘必阳、王玮、陈思颖、朱凌锋、蔡珏、李鸣、孙梦玥、毕硕雪、蔡兴蔚、祝金彪、卢普顺、牛佳琪、郑奇、杨福宝、耿祖汗、柯嘉倩、钱佳辉、陈曦	2017
56	全国大学生数学建模竞赛	福建省二等奖	程方君	2017

续表

序号	竞赛名称	获奖级别	参与者	年度
57	第二届国际第三代半导体创新创业大赛	全球总决赛第六名、厦门赛区团队组第一名	孙永强团队	2017
58	“阿美亚洲杯”能源环保创新大赛	科技类冠军和最佳人气奖	许子颉团队	2017
59	“阿美亚洲杯”能源环保创新大赛	科技类二等奖	高阳团队	2017
60	第四届（中国）海峡两岸新能源产业创新创业大赛	海峡两岸二等奖	许子颉团队	2017
61	“华为杯”第十四届中国研究生数学建模竞赛	福建省三等奖	陈鑫滢	2017
62	厦门大学第三届“互联网＋”大学生创新创业大赛	校级银奖	韩霜团队	2017
63	厦门大学第三届“互联网＋”大学生创新创业大赛	校级铜奖	陈星强团队	2017
64	校级卢嘉锡奖学金	校级	赵志娟	2017
65	“创青春”全国大学生创业大赛网络信息经济专项赛	国家级银奖	邢帮安、卢涵涛、黄晓筠	2018
66	“创青春”全国大学生创业大赛网络信息经济专项赛	国家级铜奖	林�、王峰、梁士杰、陈婧芳（管理学院）、林华鑫、吴挺竹、肖瑶、郑天华（管理学院）、李宋文妤（管理学院）、李晨昊（经济学院）	2018
67	第十三届中国研究生电子设计竞赛商业计划书专项赛	国家级一等奖	林苡、王峰、梁士杰、陈婧芳（管理学院）、李晨昊（经济学院）	2018
68	第十三届中国研究生电子设计竞赛技术类	国家级三等奖	陶锋、王正瑛、江山、李健	2018
69	全国大学生集成电路创新创业大赛	国家级三等奖	周高峰、陈琼、苏扬	2018
70	第十三届中国研究生电子设计竞赛技术类	华东赛区一等奖	吴剑峰、严宇鹏、李翰卿、张博文	2018

续表

序号	竞赛名称	获奖级别	参与者	年度
71	第十三届中国研究生电子设计竞赛技术类	华东赛区二等奖	周高峰、王榆钦(信息科学与技术学院)、苏扬、马馨然	2018
72	第十三届中国研究生电子设计竞赛技术类	华东赛区三等奖	朱建斌、钦昭昭、黄涛、刘永聪、王宇	2018
73	第十三届中国研究生电子设计竞赛技术类	华东赛区三等奖	徐阳洲、吴依娜、林娇	2018
74	第十三届中国研究生电子设计竞赛技术类	华东赛区三等奖	李磊、郑熠晟、张富楷、秦毅、高巨守	2018
75	第十三届中国研究生电子设计竞赛技术类	华东赛区三等奖	左海勇、肖军平、冯哲	2018
76	第十三届中国研究生电子设计竞赛技术类	华东赛区三等奖	黄鹭、安鹏、林捷、赵禀睿、张琪	2018
77	第十三届中国研究生电子设计竞赛商业计划书专项	华东赛区三等奖	何冀豫、甘泽宇、陈惠敏(经济学院)	2018
78	全国大学生集成电路创新创业大赛	华南赛区三等奖	黄鹭、安鹏、林捷	2018
79	第二届中俄(工业)创新大赛总决赛	国际级三等奖	郭伟杰、黄佳恩、郑莉莉、上官质彬、李飞娥、陈奕达、冯鑫、吴津铭	2019
80	第十四届中国研究生电子设计竞赛技术类	国家级一等奖(top 2)	王正瑛、江山、杨振杰、熊健凯、李法君	2019
81	第十四届中国研究生电子设计竞赛技术类	国家级一等奖	刘必靖、高巨守、郑熠晟、林苡、郑秋玮	2019
82	第十四届中国研究生电子设计竞赛技术类	国家级一等奖	高阳、赵翔宇、吴远兮、雷硕迪、汪周红	2019
83	第三届全国大学生集成电路创新创业大赛平头哥杯	国家级一等奖、企业专项奖	高阳、赵翔宇、孙士礼	2019
84	第三届全国大学生集成电路创新创业大赛 ARM 杯	国家级一等奖	张潇、尤培坤、郑翔天	2019
85	第三届全国大学生集成电路创新创业大赛 ARM 杯	国家级二等奖	师兆伟、韩百川、傅松祥	2019

续表

序号	竞赛名称	获奖级别	参与者	年度
86	集成电路 EDA 设计精英挑战赛	国家级二等奖	赵晨晖、张潇、李颖	2019
87	第十六届“挑战杯”全国大学生课外学术科技作品竞赛	国家级三等奖	李维炜、张小金、董楚楚、王航、王超鹏	2019
88	第十六届“挑战杯”全国大学生课外学术科技作品竞赛	国家级三等奖	钦昭昭、王宇、刘永聪、李秋浩、张良财、朱建斌、朱建基	2019
89	第十四届“挑战杯”福建省大学生课外学术科技作品竞赛	福建省特等奖	李维炜、张小金、董楚楚、王航、王超鹏	2019
90	“网龙杯”第五届福建省“互联网＋”大学生创新创业大赛	福建省银奖	郭伟杰、黄佳恩、郑莉莉、上官质彬、李飞娥、陈奕达、冯鑫、吴津铭	2019
91	“网龙杯”第五届福建省“互联网＋”大学生创新创业大赛	福建省银奖	李思民、戚芳媛、宋柳锐、邱惠冰、陈俊延	2019
92	“网龙杯”第五届福建省“互联网＋”大学生创新创业大赛	福建省银奖	陈佳、钱义洋、叶晓毅、马泽蓉、刘卓伦、费翔、吴志文	2019
93	“网龙杯”第五届福建省“互联网＋”大学生创新创业大赛	福建省铜奖	陈英时、邱锦林、王正瑛、谢奕浓、张冰倩、丁山、江山、冯筱箬、李法君、刘雪莹、屈景奇、朱嘉恒、申家情、项俊杰、熊健凯、吴艺婕	2019
94	第十四届中国研究生电子设计竞赛技术类	华东赛区一等奖	王正瑛、江山、杨振杰、熊健凯、李法君	2019
95	第十四届中国研究生电子设计竞赛技术类	华东赛区一等奖	刘必靖、高巨守、郑熠晟、林苡、郑秋玮	2019
96	第十四届中国研究生电子设计竞赛兆易创新企业命题	华东赛区一等奖	高阳、赵翔宇、吴远兮、雷硕迪、汪周红	2019
97	第十四届中国研究生电子设计竞赛技术类	华东赛区一等奖	贺显惠、李秋浩、田宇恒、朱建基	2019
98	第十四届中国研究生电子设计竞赛商业类	华东赛区一等奖	郭伟杰、郑莉莉、黄佳恩、上官质彬	2019

续表

序号	竞赛名称	获奖级别	参与者	年度
99	第三届全国大学生集成电路创新创业大赛平头哥杯	华南赛区一等奖	高阳、赵翔宇、孙士礼	2019
100	第三届全国大学生集成电路创新创业大赛 ARM 杯	华南赛区一等奖	张潇、尤培坤、郑翔天	2019
101	第六届“创青春”福建省青年创新创业大赛互联网初创组	福建省一等奖	李思民	2019
102	第六届“创青春”福建省青年创新创业大赛	福建省一等奖	陈佳	2019
103	第十四届“挑战杯”福建省大学生课外学术科技作品竞赛	福建省一等奖	钦昭昭、王宇、刘永聪、李秋浩、张良财、朱建斌、朱建基	2019
104	第二届福建省研究生电子设计竞赛技术组	福建省一等奖	钱义洋、胡天宇、缪春莹、王昕健、林泓悦	2019
105	第十四届中国研究生电子设计竞赛技术类	华东赛区二等奖	钱义洋、胡欢、汪梦婷、何雨泽、龙怡驰	2019
106	第十四届中国研究生电子设计竞赛技术类	华东赛区二等奖	陈汉桥、熊彦彬、杨惠茹、冯腾	2019
107	第十四届中国研究生电子设计竞赛技术类	华东赛区二等奖	丰豪、陈瑶、陈延锦、曾芳	2019
108	第十四届中国研究生电子设计竞赛技术类	华东赛区二等奖	肖军平、谢辰、冯哲、洪会清、陆楠	2019
109	第十四届中国研究生电子设计竞赛技术类	华东赛区二等奖	秦毅、张富楷、陈颖、田佳沁 、王泽平	2019
110	第三届全国大学生集成电路创新创业大赛 ARM 杯	华南赛区二等奖	师兆伟、韩百川、傅松祥	2019
111	第十四届中国研究生电子设计竞赛技术类	华东赛区三等奖	王明康、林惠文	2019
112	第十四届中国研究生电子设计竞赛技术类	华东赛区三等奖	王宇、刘永聪、李晗韵、陈烁、张良财	2019
113	第十四届中国研究生电子设计竞赛技术类	华东赛区三等奖	张潇、尤培坤、郑翔天、陈力	2019

续表

序号	竞赛名称	获奖级别	参与者	年度
114	第十四届中国研究生电子设计竞赛商业类	华东赛区三等奖	赖寿强、游露倩、游洋、柳玲玲	2019
115	第三届全国大学生集成电路创新创业大赛创新实践杯	华南赛区三等奖	赵禀睿、杨振杰、张琪	2019
116	第三届全国大学生集成电路创新创业大赛创新实践杯	华南赛区三等奖	朱建鹏、金良文、汪琪	2019
117	第三届全国大学生集成电路创新创业大赛燕东微电子杯	华南赛区三等奖	刘洲宏、赖德越、刘浩杰	2019
118	第三届全国大学生集成电路创新创业大赛创新实践杯	华南赛区三等奖	李秋浩、李然、田宇恒	2019
119	iCANX 研究生学术联赛全国总决赛	国家级季军	李法君	2020
120	第六届中国国际“互联网＋”大学生创新创业大赛	国家级银奖	李法君、谢奕浓、申家情、熊建凯、刘雪莹	2020
121	第六届中国国际“互联网＋”大学生创新创业大赛	国家级银奖	陈佳、钱义洋、胡天宇、缪春颖、王昕健	2020
122	第十二届“挑战杯”中国大学生创业计划竞赛	国家级铜奖	李法君、谢奕浓、申家情、熊建凯、刘雪莹	2020
123	第二届集成电路 EDA 设计精英挑战赛	国家级一等奖	丁佳宁、骆阳俊	2020
124	“兆易创新杯”第十五届中国研究生电子设计竞赛	国家级一等奖	陈华山、李智慧、李若喻	2020
125	第四届全国大学生集成电路创新创业大赛	国家级二等奖	张潇、罗孟杰、刘晓东	2020
126	“华为杯”第十七届中国研究生数学建模竞赛	国家级二等奖	陈先锋、杨宸、胡振兴	2020
127	第二届集成电路 EDA 设计精英挑战赛	国家级二等奖	杨豪杰、张涛、武子钰	2020
128	第二届集成电路 EDA 设计精英挑战赛	国家级二等奖	柯双杰、张弛	2020

续表

序号	竞赛名称	获奖级别	参与者	年度
129	第四届全国大学生集成电路创新创业大赛	国家级三等奖	胡向涛、温书涵、许雅雯	2020
130	“华为杯”第三届中国研究生创“芯”大赛	国家级三等奖	彭仁苗	2020
131	“华为杯”第十七届中国研究生数学建模竞赛	国家级三等奖	刘东宝、吴贝	2020
132	第二届集成电路 EDA 设计精英挑战赛	国家级三等奖	刘浩杰、赵晨辉、瞿纪杰	2020
133	第六届中国国际“互联网+”大学生创新创业大赛	福建省金奖	李法君、谢奕浓、申家情、熊建凯、刘雪莹	2020
134	第六届中国国际“互联网+”大学生创新创业大赛	福建省金奖	陈佳、钱义洋、胡天宇、缪春颖、王昕健	2020
135	第六届中国国际“互联网+”大学生创新创业大赛	福建省铜奖	李思民、蒋骞、郑超茹	2020
136	第六届中国国际“互联网+”大学生创新创业大赛	福建省铜奖	李青原、王雨思、冯坤、刘晋彤、游露倩	2020
137	“兆易创新杯”第十五届中国研究生电子设计竞赛	华东赛区一等奖	陈作桓、杨晓锋、陈力	2020
138	“兆易创新杯”第十五届中国研究生电子设计竞赛	华东赛区一等奖	韦存伟、庞鸿、杨星辰	2020
139	“兆易创新杯”第十五届中国研究生电子设计竞赛	华东赛区一等奖	徐佳帅、吴亚祥、喻甜	2020
140	第四届全国大学生集成电路创新创业大赛	华南赛区一等奖	胡向涛、温书涵、许雅雯	2020
141	第二届福建省研究生电子设计竞赛	福建省一等奖	胡天宇、缪春颖、王昕健	2020
142	第四届“中国创翼”创业创新大赛	福建省一等奖	陈佳、钱义洋、胡天宇、缪春颖、王昕健	2020
143	“兆易创新杯”第十五届中国研究生电子设计竞赛	华东赛区二等奖	刘梦、王泽平、高巨守	2020

续表

序号	竞赛名称	获奖级别	参与者	年度
144	“兆易创新杯”第十五届中国研究生电子设计竞赛	华东赛区二等奖	汪鹏程、王凌哲	2020
145	“兆易创新杯”第十五届中国研究生电子设计竞赛	华东赛区二等奖	汪紫薇、张子启、赵一默	2020
146	“兆易创新杯”第十五届中国研究生电子设计竞赛	华东赛区三等奖	宣佳成、陈勇、许智军	2020
147	“兆易创新杯”第十五届中国研究生电子设计竞赛	华东赛区三等奖	钱义洋、胡天宇、缪春颖	2020
148	“兆易创新杯”第十五届中国研究生电子设计竞赛	华东赛区三等奖	詹健浩、黄荣楠、林捷	2020
149	“兆易创新杯”第十五届中国研究生电子设计竞赛	华东赛区三等奖	杨镓华、俞旭东、马春卉	2020
150	“兆易创新杯”第十五届中国研究生电子设计竞赛	华东赛区三等奖	陈延锦、程舜、陈希	2020
151	“兆易创新杯”第十五届中国研究生电子设计竞赛	华东赛区三等奖	张良财、张磊、阳光	2020
152	第四届全国大学生集成电路创新创业大赛	华南赛区三等奖	何官佑、周兆琴、徐倩	2020
153	第四届全国大学生集成电路创新创业大赛	华南赛区三等奖	彭仁苗	2020

第五章
学术成就

第一节 科研成果

学院自 2016 年成立以来，坚持贯彻落实国家推进科技领域“放管服”改革精神，制定了学院科技项目间接费用使用管理、科研奖励等办法，优化学院科研管理，释放了科研人员创新活力。学院高水平科研成果丰硕：

一、重大科技成果奖不断涌现

学院以第一完成单位获福建省自然科学奖二等奖 1 项、福建省科技进步奖二等奖 3 项和其他各类省部科研奖 11 项。2018 年，张荣教授以其在宽禁带半导体材料器件领域取得的卓越成就，荣获 2018 年度何梁何利基金“科学与技术进步奖”。

二、高水平研究论文数量不断提升

学院发表 SCI 论文 796 篇(第一单位)，在国际 SCI 前 5% 刊物(一区)发表论文 96 篇，在国际 SCI 前 15% 刊物(二区)发表论文 332 篇，发表 EI 论文 116 篇。2018 年董俊教授应邀在光学领域顶级期刊《自然 · 光电子学》(*Nature Photonics*)发表题为“双注入谐振腔”的评述文章。2020 年陈忠教授课题组在《自然 · 通讯》(*Nature Communications*)发表题为“磁共振中 3D 打印的一体化探头”的研究论文。

三、专利数量和质量不断提高

学院获授权专利 344 件，其中美国授权发明专利 2 件，国内授权发明专利 281 件，实用新型专利 61 件。

表 5-1 学院科研成果获奖一览表

序号	奖励类别	获奖等级	获奖项目名称	完成单位	获奖人	获奖年度
1	厦门市科技进步奖	二等奖	高品质 LED 照明与显示关键器件的研发和在线检测及其产业化	厦门华联电子股份有限公司、厦门大学	陈杰、吕毅军、沈亚锋、陈忠、陈朝、李玉江、林岳、肖俊	2016
2	福建省科技进步奖	二等奖	高品质 LED 照明与显示关键技术的研发及产业化	厦门大学、厦门华联电子股份有限公司、厦门强力巨彩光电科技有限公司、厦门烯成石墨烯科技有限公司	陈忠、沈亚锋、蔡伟伟、陈朝、吕毅军、陈杰、朱志强、刘长江、李玉江、郭自泉	2016
3	厦门市科技进步奖	二等奖	磁共振分子影像新技术及其在医学诊断中应用	厦门大学、厦门大学附属中山医院、厦门市第二医院	陈忠、蔡淑惠、杨天和、郭岗、高锦豪、林建忠、黄玉清、朱柳红	2017
4	何梁何利基金“科学与技术进步奖”		宽禁带半导体材料器件	厦门大学	张荣	2018
5	厦门市科技进步奖	二等奖	高品质 LED 健康照明封装与检测技术及其产业化	厦门多彩光电子科技有限公司、厦门大学	郑剑飞、陈忠、曾人杰、涂庆镇、郭伟杰、吴挺竹、林岳、郭盛辉	2018
6	福建省科技进步奖	三等奖	磁共振分子影像新技术及其在医学诊断中应用	厦门大学、厦门市第二医院、厦门大学附属中山医院、福建国民商用软件股份有限公司	陈忠、郭岗、黄玉清、蔡淑惠、高锦豪	2018
7	福建省科技进步奖	三等奖	智能高品质 LED 照明系统创新技术及产业化	漳州立达信光电子科技有限公司、厦门大学、漳州市立达信绿色照明有限公司	李江淮、郭伟杰、吕毅军、刘丹青、骆锡钟	2018

续表

序号	奖励类别	获奖等级	获奖项目名称	完成单位	获奖人	获奖年度
8	福建省科技进步奖	三等奖	超高清高可靠性全彩 LED 显示屏的研发及产业化	厦门强力巨彩光电科技有限公司、厦门理工学院、厦门大学	王素彬、朱文章、朱丽虹、徐慧能、郭自泉	2018
9	教育部高等学校科学研究优秀成果奖科技进步奖	一等奖	油气井探测关键技术与工程应用创新	中国石油大学（北京）、厦门大学、中国石油集团测井有限公司、北京环鼎科技有限责任公司	肖立志、田守嶒、李根生、汤天知、廖广志、鞠晓东、黄中伟、宋先知、陈忠、赵宏林、乔文孝、谢然红、李梦春、侯学理、李英波	2018
10	中国轻工业联合会科技进步奖	一等奖	智能高品质 LED 照明系统创新技术及产业化	漳州立达信光电子科技有限公司、厦门大学、漳州市立达信绿色照明有限公司	李江淮、郭伟杰、陈忠、骆锡钟、董永哲、林岳、王其远、吕毅军、高玉琳	2018
11	福建省科技进步奖	二等奖	智能光色调控高品质 LED 健康照明关键技术及其产业化	厦门大学、厦门多彩光电子科技有限公司、厦门立达信照明有限公司、厦门华联电子股份有限公司	陈忠、郑剑飞、吴挺竹、许建兴、陈杰、曾人杰、郭伟杰	2019
12	厦门市科技进步奖	二等奖	神经网络加密解密算法及网络信息安全技术	厦门大学、厦门市美亚柏科信息股份有限公司、华侨大学、集美大学	郭东辉、吴鸿伟、刘年生、李国刚、王云峰、姜林美、林肖凡、贺珊	2019
13	福建省自然科学奖	二等奖	基于二维材料的宽波段短脉冲激光技术及应用	厦门大学	罗正钱、蔡志平、翁建、徐斌、许惠英	2020
14	福建省科技进步奖	二等奖	高效高可靠 LED 照明产品关键技术及产业化应用	厦门大学、厦门市产品质量监督检验院、厦门通士达照明有限公司、厦门华联电子股份有限公司	吕毅军、史园、陈朝、黄叶彪、沈亚锋、傅诺毅、朱丽虹	2020

续表

序号	奖励类别	获奖等级	获奖项目名称	完成单位	获奖人	获奖年度
15	厦门市科技进步奖	一等奖	视觉神经网络光电集成系统及其关键技术产业化应用	厦门大学、福建新大陆自动识别技术有限公司、厦门市美亚柏科信息股份有限公司、厦门睿智微电子技术有限公司	郭东辉、郭栋、申强、罗闳闿、李琳、林建华、杜新胜、贺珊	2020
16	厦门市科技进步奖	三等奖	高解析度 Mini-LED 显示屏关键技术的研发及产业化	厦门市计量检定测试院、厦门强力巨彩光电科技有限公司、厦门大学	阮育娇、徐惠能、郭伟杰、康品春、吴挺竹、朱卫平、蒋淑恋、陈忠	2020

第二节 代表性论文成果

表 5-2 学院代表性论文成果一览表(按发表时间排序)

论文题目	第一作者	通讯作者	刊物名称	发表时间	备注
Two-dimensional material-based saturable absorbers: towards compact visible-wavelength all-fiber pulsed lasers	罗正钱	蔡志平	Nanoscale	2016 年 1 月	率先实现二维材料可见光脉冲光纤激光器，ESI 高被引论文
Projected iterative soft-thresholding algorithm for tight frames in compressed sensing magnetic resonance imaging	刘运松	屈小波	IEEE Transactions on Medical Imaging	2016 年 9 月	高被引(扩展版)论文，提出一般性紧标架稀疏快速磁共振成像算法并理论证明收敛性

续表

论文题目	第一作者	通讯作者	刊物名称	发表时间	备注
Fast multiclass dictionaries learning with geometrical directions in MRI reconstruction	占志芳	屈小波	IEEE Transactions on Biomedical Engineering	2016 年 9 月	高被引（扩展版）论文，提出分类字典学习高保真重建医学磁共振图像
Quantum dot vertical-cavity surface-emitting lasers covering the ‘green gap’	梅洋	张保平	Light：Science & Applications	2017 年 1 月	研制出世界首支绿光面发射激光器，IF＝14
Ultrahigh-resolution NMR spectroscopy for rapid chemical and biological applications in inhomogeneous magnetic fields	黄玉清	陈忠	Analytical Chemistry	2017 年 7 月	JCR 一区，应用于化学生物样品的快速高分辨检测技术
Multiple resonant excitations of surface plasmons in a graphene stratified slab by Otto configuration and their independent tuning	姚金	蔡国雄	Photonics Research	2017 年 7 月	提出了一种电磁能量定向输运的思路，中科院一区 top 期刊，卓越计划
Pattern synthesis of unequally spaced linear arrays including mutual coupling using iterative FFT via virtual active element pattern expansion	刘颜回	徐开达	IEEE Transactions on Antennas and Propagation	2017 年 8 月	解决了传统迭代 FFT 方法在间隔阵列和阵元互耦的技术瓶颈
Tunable InGaN quantum dot microcavity light emitters with 129 nm tuning range from yellow-green to violet	梅洋	张保平	Applied Physics Letters	2017 年 9 月	实现了可调谐范围最广的谐振腔发光二极管

续表

论文题目	第一作者	通讯作者	刊物名称	发表时间	备注
Efficient measurement of thermal coupling effects on multichip light-emitting diodes	卢红丽	朱丽虹、高玉琳	IEEE Transactions on Power Electronics	2017年12月	提出了多芯片LED模块中结温分布的快速简化测试方法，以达到简化测试的目的
Green vertical-cavity surface-emitting lasers Based on combination of blue-emitting quantum wells and cavity-enhanced recombination	许荣彬	张保平	IEEE Transactions on Electron Devices	2018年9月	发现了利用蓝光量子阱中局域态和谐振腔相耦合实现绿光VCSEL的新方法
Multiwavelength, sub-nanosecond Yb：YAG/Cr4 +：YAG/YVO4 passively Q-switched raman microchip laser	王晓磊	董俊	IEEE Journal of Selected Topics in Quantum Electronics	2018年9月	发展百皮秒级/高峰值功率复合晶体被动调Q拉曼微片激光器
Mini-LED and micro-LED：Promising candidates for the next generation display technology	吴挺竹	Kuo，Hao-Chung，陈忠	Applied Sciences	2018年9月	ESI热点论文，ESI高引论文。全面介绍micro-LED全彩化技术的现状及发展方向
Double injection resonator	董俊	董俊	Nature Photonics	2018年10月	评述基于硅光技术的双注入谐振腔理念
Portable tumor biosensing of serum by plasmonic biochips in combination with nanoimprint and microfluidics	周剑扬	朱锦锋	Nanophotonics	2019年1月	融合纳米压印与微流控的微纳电磁肿瘤标志物便携检测生物芯片技术
Conformal singularities and topological defects from inverse transformation optics	徐林、何润秋	陈焕阳、刘辉	Physical Review Applied	2019年3月	提出以“逆变换光学”的角度研究保角透镜特性，实现了激光束会聚弯曲功能

续表

论文题目	第一作者	通讯作者	刊物名称	发表时间	备注
Incorporating full attenuation mechanisms of poroelastic media for realistic subsurface sensing	庄明伟	柳清伙、周剑扬	IEEE Transactions on Geoscience and Remote Sensing	2019 年 4 月	首次引入完整且高低频通用的空隙介质衰减模型，有望提高地球物理勘探的准确性
Full-color monolithic hybrid quantum dot nanoring micro light-emitting diodes with improved efficiency using atomic layer deposition and nonradiative resonant energy transfer	Sung-Wen Huang Chen	吴挺竹，Kuo，Hao-Chung	Photonics Research	2019 年 4 月	JCR 一区，ESI 高引论文，封面论文。提出纳米环结构 micro-LED 全彩器件
2.01～2.42 μm all-fiber femtosecond raman soliton generation in a heavily germanium doped fiber	杜团结	罗正钱	IEEE Journal of Selected Topics in Quantum Electronics	2019 年 7 月	提出利用锗芯特种光纤实现中红外全光纤 200 fs 超短脉冲激光
Robust single-shot T2 mapping via multiple overlapping-echo acquisition and deep neural network	张俊	蔡淑惠、蔡聪波	IEEE Transactions on Medical Imaging	2019 年 8 月	突破传统定量成像分开采集局限，人工智能成像时间从秒降到毫秒
Light rays and waves on geodesic lenses	徐林、王向阳、Tomas Tyc	陈焕阳、刘辉、Tomas Tyc	Photonics Research	2019 年 10 月	验证了二维渐变折射率材料与测地线透镜的等价性
A continuous rectangular-wave method for junction temperature measurement of light-emitting diodes	刘泽晖	吕毅军	IEEE Transactions on Power Electronics	2019 年 11 月	利用矩形波进行结温测试，避免了信号延迟及充放电效应

续表

论文题目	第一作者	通讯作者	刊物名称	发表时间	备注
Small-sized Pt nanoparticles supported on hybrid structures of MoS2 nanoflowers/graphene nanosheets: highly active composite catalyst toward efficient ethanol oxidation reaction studied by in situ electrochemical NMR spectroscopy	王江丽	陈忠、曹烁晖	Applied Catalysis B: Environmental	2019 年 12 月	JCR 一区，IF = 16.68，介绍高效醇类能量反应的原位电化学磁共振检测技术
Development of reliable, high performance WLCSP for BSI CMOS image sensor for automotive application	周天燊	于大全	Sensors	2020 年 1 月	国际上首次利用硅通孔技术的图像传感器封装产品，通过 AEC-Q100 车载可靠性
Low-cost flexible plasmonic nanobump metasurfaces for label-free sensing of serum tumor marker	朱锦锋	朱锦锋	Biosensors and Bioelectronics	2020 年 2 月	开创低成本、高灵敏超表面传感新技术，对癌症便携早筛意义重大
Towards visible-wavelength passively mode-locked lasers in all-fibre format	邹金海	罗正钱	Light: Science & Applications	2020 年 4 月	将超快光纤激光器推向可见光波段，被 Phys. Org 亮点报道，IF=14
Accelerated nuclear magnetic resonance spectroscopy with deep learning	屈小波	屈小波、陈忠	Angewandte Chemie International Edition	2020 年 4 月	IF=12，首次提出基于深度学习的超快速磁共振波谱重建技术，已商用
New mixed SETD and FETD methods to overcome the low-frequency breakdown problems by tree-cotree splitting	陈珂	柳清伙、庄明伟	IEEE Transactions on Microwave Theory and Techniques	2020 年 6 月	通过改进传统的时域有限元和谱元算法使其能克服高密度崩溃的问题

续表

论文题目	第一作者	通讯作者	刊物名称	发表时间	备注
High-bandwidth green semipolar（20-21）InGaN/GaN micro light-emitting diodes for visible light communication	Sung-Wen Huang Chen	吴挺竹、Kuo，Hao-Chung	ACS Photonics	2020年7月	JCR 一区。制备出3dB带宽最高的绿光LED器件
A phaseless inverse source method（PISM）based on near-field scanning for radiation diagnosis and prediction of PCBs	王礼晓	柳清伙、周剑扬	IEEE Transactions on Microwave Theory and Techniques	2020年7月	基于无相位源反演方法和近场扫描仪来重构PCB板的电磁辐射等效源
3D-printed integrative probeheads for magnetic resonance	谢君尧	陈忠、游学秋、孙惠军	Nature Communications	2020年11月	Nature子刊，首次提出高精度3D打印一体化磁共振探头制备新技术

第三节　主要研究课题

学院自2016年成立以来，科学谋划，精心组织各级各类科研项目申报，提高申报质量，科研竞争力不断提高，承担重大重点课题能力不断增强。学院承担了国家重点研发计划，国家自然科学基金重点基金、海峡联合基金、科学仪器研究专项、福建省产学研重大项目、厦门市重大产业科技项目等重大重点课题；承担的课题不仅紧密联系国家重大需求，同时结合地方产业发展，积极为地方经济建设服务。学院成立以来，到位科研经费实现较大幅度增长，从2016年的1427万元增长至2020年的9039万元。

表 5-3 学院主要纵向项目(≥100 万)一览表

项目来源	项目类别	项目名称	项目负责人	获批年份	项目经费(万元)
厦门市人民政府	平台项目	厦门市未来显示技术研究院	张荣	2019	42000
国家发改委、教育部	平台项目	国家集成电路产教融合创新平台	张荣	2019	6000
厦门市人民政府	平台项目	厦门市共建国家集成电路产教融合创新平台	张荣	2019	2000
厦门市海沧区人民政府	平台项目	共建集成电路特色工艺与先进封装产教融合平台	张荣	2019	2000
福建省科技重大专项专题	重大专项	自主可控 AI 处理器研发及其在智能语音的应用	周剑扬	2020	500
国家重点研发计划	课题	电磁场联合反演方法与技术	柳清伙	2018	446
国家重点研发计划	政府间国际科技创新合作	缺陷对 GaN 器件性能的影响	张保平	2019	310
省、市、自治区科技项目	厦门市重大产业科技项目	Micro-LED 显示技术开发项目	陈忠	2019	303
国防基础科研计划	重大项目	强约束条件下集成微系统的基础科学技术问题	张保平	2016	300
国家自然科学基金	重点项目	基于神经网络自学习的嵌入式视觉感知技术及其芯片设计研究	郭东辉	2018	276
国家自然科学基金	大科学装置联合基金	超强磁场下高分辨核磁共振新方法及其典型应用	陈忠	2016	230
国家自然科学基金	海峡联合基金	新型超快速多尺度磁共振成像与波谱及其高分辨重建	陈忠	2018	228
省部级及重要横向科研项目	重大项目	固态紫外器件高光提取效率和光子调控工艺技术研究	张保平	2016	222

续表

项目来源	项目类别	项目名称	项目负责人	获批年份	项目经费（万元）
国家重点研发计划	课题	星载激光功率放大器系统集成	罗正钱	2020	211
国家自然科学基金	国际（地区）合作与交流项目	基于新型时空编码的超快速多参数磁共振结构和波谱成像新方法	陈忠	2017	196
国家重点研发计划	课题	数字化射频/毫米波集成电路共性技术	郭东辉	2020	182.5
国家重点研发计划	课题	体部快速稳定成像新型序列研究	屈小波	2017	150
国家重点研发计划	课题	面向先进工艺（7/5 nm）和DRAM（20 nm 及以下）的高可靠性模型提取及高性能良率分析的 EDA 技术研究	李琳	2020	143.21
国家自然科学基金	优青项目	新波段全光纤超快激光技术及应用	罗正钱	2020	120

第六章
附　录

附录一 院系大事记

1924 年,成立物理学系。

1940 年,成立机电工程学系。

1944 年,机电工程学系学生数 202 人,成为全校第一大系。

1948 年 3 月,学校建成一座电机实验室,为电机工程系提供了较好的实验场所。

1948 年 7 月,机电工程学系分设机械、电机两系,机械系设置热力发电装置专业,电机系设置发电厂配电网及其系统专业、无线电通讯及广播专业。

1955 年,物理学系物理学专业中设有电子物理专门化,下设无线电和电子发射两个方向。

1956 年,物理学系部分师生与北京大学、复旦大学、南京大学和东北人民大学(吉林大学前身)的部分师生一起组成了中国第一个五校联合半导体专门化。

1958 年,重办机械系、电机系。1958 年,物理学系物理学电子物理专门化方向教师大部随同黄席棠教授及一大批骨干教师支援福州大学无线电物理系。

1959 年夏,无线电物理专业成立,并于当年招生。

1959 年,成立半导体教研室。

1962 年,无线电物理专业调整为专门组,保留原无线电物理教研室,负责物理学系的无线电物理基础课程教学。

1970 年初,物理学系复办无线电物理专业。

1981 年,获批无线电物理、半导体物理与器件物理硕士点。

1984 年,获批半导体物理与器件物理博士点。

1985 年 4 月,教育部正式批准设立无线电电子学专业。

1985 年 12 月,成立电子工程系,隶属于技术科学学院。

1988 年,“无线电电子学专业”更名为“无线电技术专业”。

1992 年,“无线电技术专业”更名为“电子信息工程”本科专业。

1999 年,物理学系无线电物理本科招生专业更名为“电子信息科学与技术”。

2000 年,获批电路与系统、通信与信息系统二级学科硕士点。

2002 年 9 月,萨本栋微机电研究中心正式成立。

2003 年,孕育出通信工程系。

2003 年,获批无线电物理、通信与信息系统二级学科博士点,信号与信息处理二级学科硕士点。

2006 年,获批微电子学与固体电子学、电路与系统二级学科博士点,电子科学与技术、光学工程一级学科硕士点。

2006 年 12 月,获准建设“福建省半导体照明工程技术研究中心”和“厦门市半导体照明检测认证中心(厦大分部)”。

2007 年,微电子科学与工程入选 2007 年福建省特色本科专业。

2007 年,我校申报的“微纳光电子材料与器件”工程研究中心获批立项建设教育部工程研究中心。

2008 年,教育部批准设立“集成电路设计与集成系统”本科专业。

2008 年,获批电子与通信工程专业型硕士点。

2008 年 10 月,我校电子信息实验教学中心入选国家级实验教学示范中心。

2008 年 11 月,获准建设“福建省等离子体与磁共振研究重点实验室”。

2010 年,获批电子科学与技术一级学科博士点。

2010 年 12 月,萨本栋微机电研究中心更名为萨本栋微米纳米科学技术研究院。

2011 年 4 月,成立电子科学系,隶属于物理科学与技术学院。

2012 年 10 月,电子科学与技术获批福建省重点学科。

2012 年 11 月,海西光电子与信息技术创新平台获批“福建省高校优势学科创新平台培育项目”。

2013 年 4 月,成立电磁声学研究院。

2013 年 7 月,获批“福建省电子科学与技术研究生教育创新基地”。

2013 年 11 月,电子信息科学与技术专业入选教育部卓越工程师教育培养计划。

2014 年 9 月，获批电子科学与技术一级学科博士后流动站。

2015 年 6 月，电子科学系、电磁声学研究院完成从厦门大学本部到海韵校区的搬迁工作。

2015 年 8 月，获准建设“福建省 LED 照明与显示行业技术开发基地”。

2015 年 9 月，作为组成部分获批“福建省半导体光电材料及其高效转换器件协同创新中心”。

2015 年 12 月，获准建设“电磁波科学与探测技术福建省高校重点实验室”。

2016 年，参与教育部第四轮学科评估，电子科学与技术学评估结果为 B，光学工程评估结果为 C。

2016 年，集成电路设计与集成系统专业入选 2016 年福建省特色本科专业。

2016 年 9 月，学校召开微电子学科建设征求意见会。

2016 年 11 月，学校发文成立厦门大学电子科学与技术学院（微电子学院）。电子科学与技术学院、微电子学院实行“两块牌子、一套人马”管理体制。

2017 年 1 月，学校发文成立中共厦门大学电子科学与技术学院（微电子学院）委员会。

2017 年 3 月，学校公布了电子科学与技术学院（国家示范性微电子学院）党政领导岗位设置方案。

2017 年 6 月，学校校长办公会原则同意了电子科学与技术学院（国家示范性微电子学院）组建方案。

2017 年 6 月，学院组织“双一流”建设项目申报，微电子学科方向入选化学与物质基础学科群“双一流”建设重点建设方向，智能科学仪器、智能电子信息技术 2 个学科方向入选材料与智能制造学科群“双一流”建设重点建设方向。

2017 年 7 月，学校在科学艺术中心一楼多功能厅召开全校教师干部大会，中共中央组织部干部三局副局长魏向阳在会上宣布了中共中央、国务院的任免决定：张荣担任厦门大学校长（副部长级）。

2017 年 9 月，电子科学与技术学院正式开始招生。由学院支援建设的厦门大学马来西亚分校电气与电子工程系也正式成立，开始招收电子信息工程专业的国外学生。

2017 年 10 月，学院承办华东地区高校电子线路课程教学研究会第三十二届年会。

2017 年 12 月，获准建设“福建省光电照明与显示企业服务型制造公共服务平台”。

2017 年 12 月，中国共产主义青年团厦门大学电子科学与技术学院（微电子学院）委员会成立，韩海雄为学院团委副书记（主持工作）。

2018 年 1 月，学院成立第一届教授委员会。

2018 年 3 月，学校校长办公会研究确定了电子科学与技术学院人员调整等有关事项。

2018 年 3 月，获批电磁场与无线技术本科专业。

2018 年 9 月，教育部正式批复同意将厦门大学微电子学院列入国家示范性微电子学院筹建单位。

2018 年 10 月，董俊教授题为“双注入谐振腔（Double Injection Resonator）”的评述文章在光学领域顶级期刊《自然・光电子学》（*Nature Photonics*）发表。

2018 年 11 月，张荣校长荣获 2018 年度何梁何利基金“科学与技术进步奖”。

2018 年 11 月，学院举行第一次工会会员大会，选举第一届工会委员会委员，沈桂平副教授当选为学院部门工会主席。

2018 年 11 月，陈忠教授课题组与漳州立达信光电子科技有限公司、漳州市立达信绿色照明有限公司联合申报的“智能高品质 LED 照明系统创新技术及产业化”项目获得 2018 年度中国轻工业联合会科技进步一等奖。

2019 年 3 月，学院召开女教职工大会，选举第一届妇委会委员，张丹副教授当选为第一届妇委会主任。

2019 年 4 月，时任中共福建省委常委、厦门市委书记胡昌升，市委副书记、市长庄稼汉带队来到学院调研。

2019 年 5 月，中国共产党厦门大学电子科学与技术学院（国家示范性微电子学院）委员会召开第一次党员大会，选举产生学院第一届党委委员。

2019 年 5 月，教育部正式批复同意厦门大学承建“国家集成电路产教融合创新平台”。

2019 年 6 月，成立微电子与集成电路系。

2019 年 6 月，光学工程一级学科硕士点调整，在电子科学与技术一级学科博士点下增设目录外二级学科光电工程。

2019 年 7 月，学院与厦门市海沧区人民政府签约共建集成电路特色工艺与先进封装产教融合创新平台，与三安光电股份有限公司签约共建第三代半导体产教融合创新平台。

2019 年 7 月，经作品征集、网络投票、教职工大会表决等环节，确定了学院院徽。

2019 年 8 月，教育部副部长钟登华率队来到学院，调研厦门大学国家集成电路产教融合创新平台建设情况。

2019 年 12 月，主办第四十二届光子与电磁学研究国际研讨会。

2019 年 12 月，电子信息工程专业入选 2019 年国家级一流本科专业建设点，电子信息科学与技术专业入选 2019 年福建省一流本科专业建设点。

2019 年 12 月，启动 2020 年非全日制港澳台集成电路博士生和硕士生招生工作。

2019 年 12 月，获批“福建省电子设计自动化工程研究中心”。

2020 年 1 月，与澳大利亚蒙纳士大学联合申请的“二维材料系统中拓扑传输和光通信器件的研究：微纳-光通信领域人才培养项目”获批国家留学基金委 2020 年创新型人才国际合作培养项目。

2020 年 5 月，学院工会荣获福建省教科文卫体系统“模范职工小家”称号。

2020 年 6 月，学院成立关心下一代工作委员会。

2020 年 7 月，厦门大学与厦门市海沧区人民政府签署了共建集成电路特色工艺与先进封装产教融合平台合作协议。

2020 年 8 月，厦门大学正式成为集成电路设计自动化产教融合联盟（EDA 产教融合联盟）的常务理事单位之一。

2020 年 8 月，《厦门市与厦门大学共建国家集成电路产教融合创新平台工作方案》正式获得厦门市政府批准。

2020 年 10 月，国家集成电路产教融合创新平台建设会在厦门大学召开。

2020 年 11 月，学院成立电子科学与技术学院（国家示范性微电子学院）实验教学中心，该中心为电子信息国家级实验教学示范中心电子学科分平台。

2020 年 11 月，电子科学系陈忠教授团队题为“3D-printed Integrative Probeheads for Magnetic Resonance”的研究论文在《自然 · 通讯》（*Nature Communications*）发表。

2020 年 11 月，施芝元教授主持的“新工科背景下电子信息工程专业多元协同人才培养模式的改革与实践”项目获批教育部第二批新工科研究与实践项目。

2020 年 12 月，李伟文副教授领衔完成的教学成果“构建面向新一代通信技术的电磁课程集群”获 2020 年福建省教学成果奖二等奖。

2020 年 12 月，罗正钱教授领衔完成的项目“基于二维材料的宽波段短脉冲激光技术及应用”获 2019 年度福建省自然科学奖二等奖。

2020 年 12 月，吕毅军教授领衔完成的项目“高效高可靠 LED 照明产品关键技术及产业化应用”获 2019 年度福建省科学技术进步奖二等奖。

2020 年底，微电子科学与工程专业入选 2020 年福建省一流本科专业建设点。

附录二　教师名录[①]

一、在职教职工

学院领导：

党委书记：吴国瑛

院长、党委副书记：陈忠

副院长：董俊、张保平、蔡励元

党委副书记：方银水、郑莉

电子工程系（按姓氏笔画为序）：

教授：付宏燕、许惠英、陈鹭剑、罗正钱、施芝元、黄文财、董俊、董小鹏、蔡志平

副教授：卜轶坤、王晓忠、车凯军、齐洁、李琳、李伟文、李森森、吴晓芳、贾富强、徐斌、黄朝红、程辉辉

助理教授：李文松

高级工程师：陈楠

电子科学系（按姓氏笔画为序）：

教授：冯江华、吕毅军、陈忠、林佼、林雁勤、屈小波、董继扬、蔡淑惠、蔡聪波

副教授：王亚军、王忻昌、包立君、吴挺竹、沈桂平、陈志伟、林岳、林玉兰、郑振耀、高玉琳、曹烁晖、崔晓红

助理教授：王冬、杨钰、倪祖荣、郭伟杰

教授级高级工程师：黄玉清

高级工程师：王新、吕迎阳、朱丽虹、许晶晶、孙惠军、郭自泉

高级实验师：孙振宁、陈国龙

① 教师名录统计日期为 2020 年 12 月 31 日。

工程师：林国春、夏枫

实验师：钟金水

微电子与集成电路系(按姓氏笔画为序)：

教授：于大全、李晓潮、杨伟锋、张保平、周剑扬、郭东辉

副教授：王云峰、龙浩、李澄、张丹、郑志威、程其进

助理教授：陈孟瑜、侯芳、郭杰锋、梅洋

高级工程师：应磊莹、贺珊

电磁声学研究院(按姓氏笔画为序)：

教授：朱锦锋、陈焕阳、柳清伙

副教授：叶龙芳、朱春辉、刘娜、宋争勇、张淼、张先徽、陈强、陈锦辉、韩峰

助理教授：刘益能、张垚、蔡国雄

工程师：章幼玉、赖坤中、熊柳静

实验教学示范中心(按姓氏笔画为序)：

教授级高级工程师：胡晓毅

高级工程师：刘舜奎、李明泼、陈华宾、林和志、解永军

高级实验师：李惠钦

工程师：王宇翔、叶耀辉、刘丹丹、刘恺之、陈艺慧、陈建发、施俊杰、徐伟明、徐丽丽、高凤连、郭子超、曾利华

团委及辅导员：刘锦锗、许通、严威、徐爱平、韩海雄

学院办公室：王凤松、王清爽、肖舒文、吴纪妤、张宝羡、陈精锋、林珊珊、周建清、郑毓玲、魏文龙

二、离退休教职工(按姓氏笔画为序)

电子工程系：邢建力、庄美辉、许宝瑞、何君式、张德坚、陈彩生、陈燕华、林小榕、林福钧、金杏珍、郑福林、姚天贵、黄云鹰、彭家驱、曾耀红、游佰强、谢廷贵

电子科学系：王余姜、尤宣来、方江陵、吕文选、刘先正、花健敏、苏登记、杨进成、肖芬、陈荣钦、陈谋智、钟茂声、袁菲芳、夏德昊、黄庆恋、黄荣耀

微电子与集成电路系：廖英豪

后 记

2021年，厦门大学迎来百年华诞。奋进新时代的厦门大学倍加珍惜自己的光荣传统与历史传承，决定启动院系史的编撰工作。厦门大学电子学科历史悠久，是全国最早开办电子类相关学科的高校之一，也是最早成立半导体学科的高校之一。根据学校关于编写院系史的通知精神，我们组织编写了《厦门大学电子科学与技术学院院史》一书，通过对各个历史时期电子学科发展脉络、演变轨迹的细致梳理，回顾光辉历程，发掘历史资源，展现办学成就，彰显办学特色，激发师生员工爱校情怀，凝聚推动学院发展的磅礴力量。

在本书编写过程中，我们广泛收集史料，以历史档案、文献资料等为依据，采取查档与调查、征集与核实、综合研究与分析考证相结合的方法，力求史料准确、翔实。但是，由于各部分资料保存情况、作者文笔各异，虽然最后定稿时做了一些文字统一工作，各篇的内容和体例仍不尽一致，有的属于情况概述，带有资料性质。

本书从搜集材料、写出初稿到反复修改定稿，前后历时一年有余。在编写的过程中，我们得到了众多校友的支持和帮助。尽管许多校友或年事已高，或工作繁忙，但他们带着对母院的感恩之情，仍为我们提供了宝贵的资料，拳拳之心，可钦可佩。

感谢为本书承担了大量具体工作的编委会全体同志，正是他们的辛勤付出，才使得本书能以最快的速度与读者见面。限于资料和编者水平，本书疏误之处在所难免，敬请诸位校友和广大读者批评指正。如有纰漏，恳请亲爱的读者反馈至邮箱 ese@xmu.edu.cn，我们将及时予以更正。

《厦门大学电子科学与技术学院院史》编委会

2022年3月